글로벌 시대의

외환관리

변재영 저

經文社

지난 30여 년 동안 우리나라의 외환관리 시스템은 괄목할 만하게 발전하였다. 1980년대만 하더라도 외환당국이 법규를 통해 다양한 거래를 직접 관리하였다. 그러므로 외환업무를 수행하거나 우리나라의 외환관리 시스템을 이해하기 위해서는 시장의 원리나 이론보다 먼저 수많은 법규를 숙지하는 것이 급선무였다.

그러나 1990년대 후반부터 경제의 개방화와 더불어 외환 및 자본 자유화가 급속히 진전됨에 따라 이제는 이론과 실제가 어느 정도 근접하는 수준에 이르렀지만 아직도 외국환거래법령을 비롯하여 이들 간에는 상당한 간극이 남아 있으며 이러한 현상은 앞으로 우리나라의 경제력과 금융시장이 선진국 수준으로 성숙될 때까지 지속될 것으로 보인다.

이 책은 이러한 현실에 대한 인식을 바탕으로 쓴 우리나라 외환관리의 입문서이다. 그러므로 이 분야에 종사하고 있거나 관심을 갖고 있는 사람들로 하여금 우리나라의 전반적인 외환관리 시스템을 쉽게 파악할 수 있도록 하는 한편 시장의 기본 원리와 이론들이 실제로 우리나라에서는 어떻게 적용되고 있으며 외환시장과 국내외 금융시장은 서로 어떻게 연결되고 있는지를 이해할 수 있도록 하는 데 중점을 두었다.

이러한 취지하에서 모두 4개장으로 이 책을 구성하였다. 제1장에서는 우리나라의 외환관리체계를 개관해 보고 미시적인 측면에서 각종 외환 및 자본 거래에 대한 법규내용을 간략히 소개한다. 제2장에서는 외환시장에서 환율이 어떤 요인들에 의해 결정되고 변동되며 우리나라의 외환시장은 어떻게 구성되고 운용되는지 살펴본다.

이어 제3장에서는 우리나라에서 활발히 거래되고 있는 외화파생상품들의 기본 구조와 이를 통해 국내외 금융시장이 서로 연결되는 경로에 대해 알아본다. 그리고 마지막 제4장에서는 외환시장과 국내외 금융시장의 일반적인 균형관계를 알아보고 그 균형이 무너지는 원인과 이때 발생하게 되는 금리재정거래에 대해 설명한다.

또한 이 책을 기술하는 데 있어서는 독자들의 이해를 높이기 위해 많은 그림과 사례를 제시하였고 일부 내용은 부득이 중복하여 설명하였다. 그리고 추가적으로 보다 깊은 논의가 요구되는 사항은 주와 참고를 통해 전반적인 흐름을 파악할 수 있는 수준에서 간결하게 요지만 언급하는 데 그쳤다.

이 책은 저자가 한국은행에서 오랫동안 외환정책을 맡아오면서 이해하고 경험했던 기초적인 내용들을 후학들에게 조금이라도 보탬이 되었으면 하는 마음에서 정리하여 펴낸 것이다. 그러므로 몇몇 표와 그림은 저자가 업무를 하면서 사용하였던 것을 재구성한 것도 있다. 그리고 현장에서의 경험이 비교적 적었던 외화파생상품의 일부 내용에 대하여는 시장의 여러 전문가로부터 도움을 받아 검증을 거쳤다는 점을 밝힌다.

끝으로 저자가 지금까지 한국은행에서 일을 하여 오는 동안 온갖 궂은일을 마다하지 않고 함께 힘을 모아주었던 여러 직원들에게 감사의 마음을 전하며, 아울러 헌신적으로 성원해준 아내 영순과 아들 경석에게도 고마움을 표하고 싶다.

2009년 12월

저자 씀

제 1 장 외국환거래법규

제2장 환율과 외환시장

제3장 외화파생상품

제4장 금리재정거래

제1장

외국환거래법규

세계적으로 경제가 통합되고 자금의 이동이 자유로워짐에 따라 환율이라는 가격의 기능에 의해 국제수지가 균형을 이루고 이를 통해 국민경제의 지속적인 성장을 도모하는 것이 경제운용의 보편적인 원리가 되고 있다.

그러나 국가별로 금융시장의 성숙도에 차이가 날 뿐만 아니라 경제여건도 각각 다르기 때문에 이러한 시장원리에만 전적으로 의존하지 않고 정도와 내용의 차이는 있을지 모르지만 어느 국가나 직·간접적으로 외국환이 수반되는 대외거래에 관여하고 있다.

우리나라는 경제개발에 필요한 외화자금을 효율적으로 조달하고 사용하기 위해 매우 엄격한 「외국환관리법」을 1961년 처음 제정한 이후 대외거래의 확대 및 경제의 개방화 추세에 맞추어 단계적으로 외국환거래를 자유화하여 왔다. 특히 1996년 OECD가입과 1997년 외환위기를 계기로 외국환거래를 대폭 자유화하여 현재의 기틀을 마련하였다.

그러나 아직도 금융시장에 미치는 영향이 큰 일부 외국환거래에 대해서는 일정한 제한을 가하고 있다. 그러므로 우리나라의 전반적인 외국환관리 시스템을 알아보기 위해서는 먼저 외국환거래법령에 대한 이해가 요구된다.

이 장에서는 외국환거래법령에 근거하여 우리나라의 외국환거래 관리체계를 개관해 보고, 외국환업무취급기관의 업무, 대외거래의 지급과 수령의 절차 및 여러 가지 자본거래에 대해 어떻게 규정하고 있는지 개략적으로 설명한다.

제1절 외국환거래 관리체계

1. 법규체계

기본적인 외국환거래법규는 「외국환거래법」, 「외국환거래법시행령」 및 「외국환거래규정」으로 구성되어 있고 법령에 의해 위임 또는 위탁을 받은 외국환거래를 관리하기 위해 유관기관들이 제정한 여러 규정들이 있다. 「외국환거래법」 및 「동 시행령」은 다양한 외국환거래에 대해 포괄적으로 규정하고 있으며 구체적인 세부사항은 「외국환거래규정」에서 정하도록 기획재정부장관에게 위임하고 있다. 그러므로 외국환거래와 관련된 업무를 수행하기 위해서는 우선 「외국환거래규정」에 규정된 내용들을 살펴보아야 한다.

외국환거래법령과 관련된 다른 법규로는 「대외무역법」, 「외국인투자촉진법」 및 「자본시장과 금융투자업에 관한 법률」(이하 「자본시장법」)을 들 수 있다. 수출입의 행위에 대해서는 「대외무역법」이 규정하고 있으나 그 대금의 결제방법은 「외국환거래법」에서 정하고 있다. 또한 외국인의 국내직접투자와 관련한 증권의 취득, 장기대부 등에 대해서는 「외국인투자촉진법」이 「외국환거래법」에 우선하여 적용된다. 그리고 증권과 파생상품의 범위 등은 「자본시장법」을 따르도록 「외국환거래법」에서 양허하고 있다.

[그림 1·1] 외국환거래법규의 체계

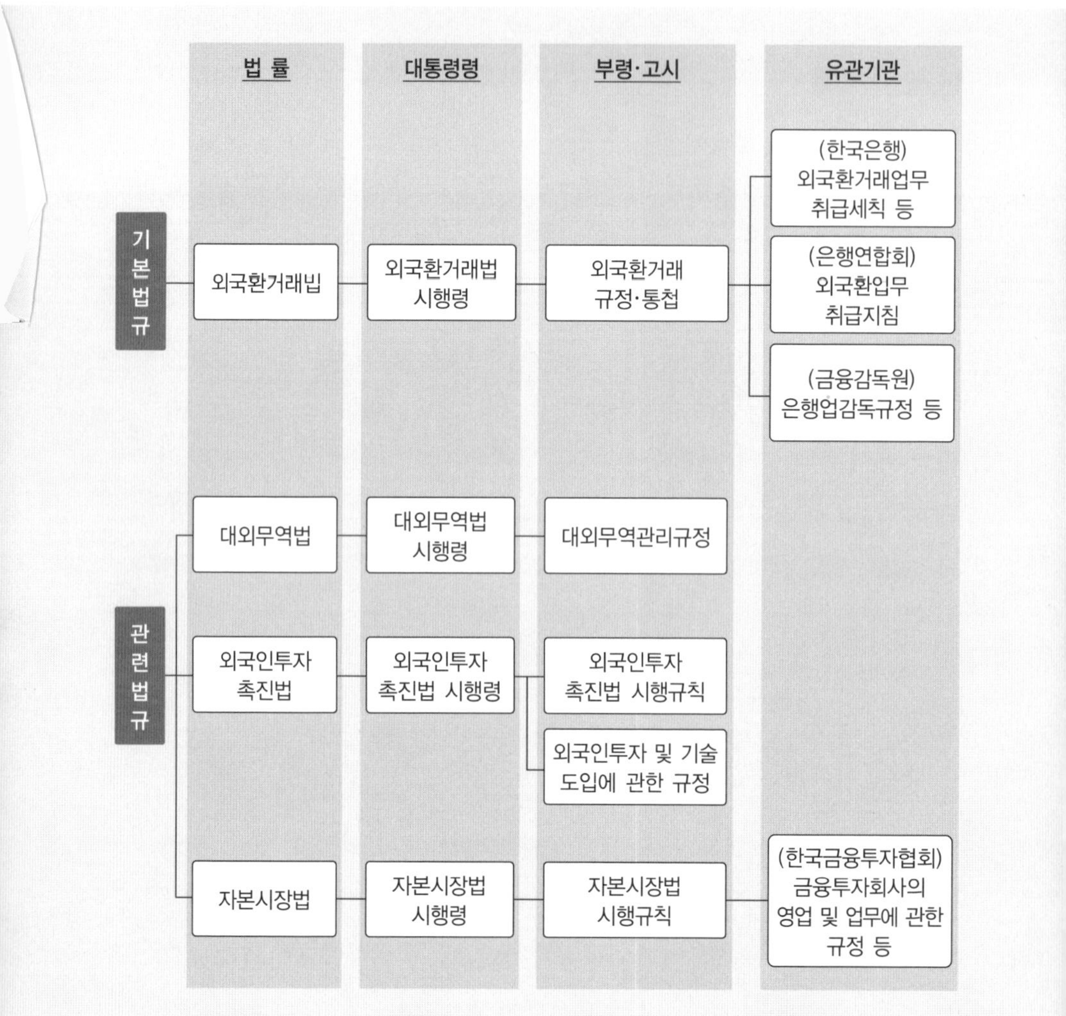

2. 외국환거래법의 적용대상

「외국환거래법」은 적용대상으로 ① 대한민국에서의 외국환과 대한민국에서 하는 외국환거래 및 그 밖에 이와 관련되는 행위, ② 대한민국과 외국 간의 거래 또는 지급·수령과 그 밖에 이와 관련되는 행위, ③ 비거주자가 하는 거래로서 원화로 표시되거나 지급받을 수 있는 거래와 그 밖에 이와 관련되는 행위, ④ 거주자가 외국에서 그의 재산 또는 업무에 관하여 한 행위를 규정하고 있다(법 제2조).

여기서 외국환(外國換)[1]은 대외지급수단, 외화증권 및 외화파생상품, 그리고 외화채권을 말하며(법 제3조), 그 밖에 이와 관련되는 행위는 거래·지급 또는 수령과 직접 관련하여 행해지는 지급수단·귀금속·증권 등의 취득·보유·송금·추심·수출·수입 등을 의미한다(영 제2조).

이와 같이 「외국환거래법」은 적용대상이 되는 행위의 주체(인적 대상)

1) 외국환(보통 '외환'이라고 줄여 말함)이라는 용어는 거래의 내용에 따라 의미가 다르다. 외국환거래법령에서 외국환은 대외지급수단과 같은 유형의 물체뿐만 아니라 무형의 권리까지도 포함하고 있고 외환시장에서는 범위를 좁혀 주로 외국통화(현금)를 말한다. 그리고 국제 간 거래에서는 격지자 간에 채권·채무를 현금의 이동이 없이 은행의 중개를 통해 송금이나 추심방식으로 결제하는 메커니즘을 의미한다.

를 거주자와 비거주자로 구분하고 그 주체가 누구인가에 따라 법령의 적용을 달리하고 있기 때문에 우선 행위의 주체가 누구인가를 따져 보아야 한다. 「외국환거래법」은 대한민국에 주소 또는 거소를 둔 개인과 대한민국에 주된 사무소를 둔 법인을 거주자로, 거주자 이외의 개인 및 법인을 비거주자로 각각 정의하고 있고(제3조), 시행령에서 거주자와 비거주자의 분류기준을 보다 구체적이고 상세하게 규정하고 있으므로 이를 살펴보아야 한다(제10조).

시행령에서 거주자 또는 비거주자의 구분은 그의 국적이 아니라 그가 일정기간 거주하고 있거나 거주할 의사를 갖고 있고 경제적으로 밀착되어 있는 지역을 기준으로 하고 있다. 그러므로 대한민국 국민이라도 외국에서 일정기간 이상 거주하고 있는 자는 비거주자로 분류하고 외국인이라도 국내에서 일정기간 이상 거주하고 있는 자는 거주자로 보고 있다. 이에 따라 국내법인의 해외지사는 비거주자인 반면 외국법인의 국내지사는 거주자로 분류한다.

또한 「외국환거래법」은 적용대상이 되는 행위의 객체(물적 대상)로 외국환, 내국환 및 귀금속을 규정하고 있다. 즉, 외국환을 대상으로 하는 행위(거래 · 지급 또는 수령 · 취득 · 보유 · 송금 · 추심 · 수출 · 수입 등)뿐만 아니라 내국환과 귀금속을 대상으로 하는 행위도 「외국환거래법」에 적용된다.

외국환의 주요 객체인 대외지급수단은 외국통화, 외국통화로 표시된 지급수단, 그 밖에 표시통화에 관계없이 외국에서 사용할 수 있는 지급수단을 말하고, 외화증권 및 외화파생상품은 「자본시장법」에서 규정한 증권 및 파생상품으로서 외국통화로 표시되거나 외국에서 지급받을 수 있는 증권 및 파생상품을 가리킨다. 외화채권(債權)은 금전 등의 지급을 청구할 수 있는 권리로서 외국통화로 표시되거나 외국에서 지급받을 수 있는 권리를 의미한다(법 제3조). 그리고 귀금속이란 금, 금합금의 지금(地金), 유통되지 아니하는 금화, 그 밖에 금을 주재료로 하는 제품 및 가공품으로 규정하고 있다(법 제3조).

3. 외국환거래법의 주요 특징

현행 「외국환거래법」은 다음과 같은 특징적인 내용들을 중심으로 구성되어 있다.

첫째, 원칙적으로 모든 외국환거래가 자유로우나 일부 거래에 대해서는 예외적으로 신고 등의 의무를 부과하고 있다(negative system). 외국환거래법령은 크게 외국환거래의 원인이 되는 행위(법 제18조), 외국환의 지급 또는 수령의 행위(법 제15조) 및 외국환의 지급 또는 수령의 방법(법 제16조)으로 나누어 각각의 절차를 규정하고 있다. 이 중에서 가장 기본이 되는 행위는 외국환의 지급 또는 수령이며 자본거래에 대해서는 거래의 원인이 되는 행위부터 지급 또는 수령의 절차까지 모두 규정하고 있다.

둘째, 유사시에 대비한 안전장치(safeguard)를 구체적으로 명시하고 있다. 기획재정부장관은 천재지변, 전시, 사변, 국내외 경제사정의 중대하고도 급격한 변동으로 인하여 부득이하다고 인정하는 경우 지급 또는 수령을 일시 정지하거나 지급수단 또는 귀금속을 한국은행, 외국환평형기금 및 금융기관에 보관, 예치, 또는 매각하는 의무, 즉 외국환의 집중의무를 부과할 수 있다(법 제6조).

또한 기획재정부장관은 국제수지가 심각한 어려움에 처하는 경우와 국내외 간 빈번한 자본이동으로 인하여 통화정책 및 환율정책 등 거시경제정책을 수행하는 데 심각한 지장을 초래한다고 판단되는 경우 자본거래에 대해 허가를 받도록 의무를 부과하거나 당해 거래와 관련하여 취득하는 지급수단의 일부를 한국은행, 외국환평형기금 또는 금융기관에 강제로 예치하게 하는 의무[2)]를 부과할 수 있다(법 제6조).

셋째, 비거주자에 대한 채권(債權)을 보유하고 있는 거주자는 그 채권

2) 국내외 금리차, 또는 환차익을 목적으로 유입되는 외화자금에 대하여 일정한 비율을 외환당국에 예치토록 의무를 부과하여 수익률을 낮춤으로써 외화자금의 유입을 조절하는 제도, 즉 가변예치의무제도(variable deposit requirement)를 의미한다.

을 추심하여 국내로 회수하여야 한다. 거주자가 회수하여야 하는 채권은 5만 달러에 상당하는 금액을 초과하는 것으로 원칙적으로 채권의 만기일 또는 조건의 성취일로부터 1년 6개월 이내에 국내로 회수하여야 한다(법 제7조 및 영 제12조).

넷째, 기획재정부장관은 「외국환거래법」에 규정된 권한을 각 유관기관에 위임 또는 위탁하여 외국환거래의 관리가 실질적으로 이루어지도록 규정하고 있다(영 제35조 및 제37조). 특히, 은행법 등에 의한 금융기관은 일정한 요건을 갖추면 외국환은행으로 등록할 수 있도록 하고 대부분 외국환거래가 이들을 통해서 이루어지도록 규정하는 한편 행정업무인 외국환거래의 관리를 수행하도록 의무를 부과하고 있다(법 제10조).

다섯째, 모든 외국환거래의 정보를 집중시키고 이를 이용하여 효율적으로 외국환거래의 사후관리 및 모니터링을 할 수 있도록 규정하고 있다. 외국환은행을 비롯한 모든 외국환업무취급기관은 외환전산망을 통해 외국환거래, 지급 또는 수령에 관한 정보를 한국은행에 집중해야 한다. 그리고 한국은행은 이를 종합하여 기획재정부, 관세청, 국세청, 금융감독원 등 이용기관에 제공함으로써 각 기관이 이를 활용하여 위임 또는 위탁받은 외국환거래의 관리업무를 원활히 수행할 수 있도록 하고 있다(법 제25조 및 영 제39조).

4. 외국환거래 관리기구

외국환거래법령에서는 기획재정부장관이 외국환거래의 관리에 대한 권한의 일부를 한국은행총재, 금융위원회 및 금융감독원장, 관세청장, 외국환은행의 장 등 유관기관에 다음과 같이 위임 또는 위탁하고 있다.

4-1. 기획재정부

기획재정부는 대외거래의 원활화와 외환시장의 안정에 대해 책임을 지고 있으며 유사시에는 외환거래의 일부 또는 전부를 정지시키는 조치를 취할 수 있다. 아울러 외국환업무취급기관의 등록, 외국환평형기금의 운용, 외국환거래에 대한 신고 및 허가 등의 업무를 수행한다.

4-2. 한국은행

한국은행은 「한국은행법」(제82조)에 따라 외환보유액의 보유와 운용, 정부, 외국중앙은행 및 국내외금융기관으로부터 예금의 수입, 외화자금의 차입 및 대출 등의 업무를 수행한다. 이외에 기획재정부장관으로부터 위탁받은 외국환은행의 외화지급준비금, 외국환포지션 및 외화대출과 관련된 업무를 수행할 뿐만 아니라 외국환거래규정에서 규정한 외국환거래의 신고를 담당하며 아울러 외국환거래의 정보를 집중받아 분석하고 있다.

4-3. 금융위원회 및 금융감독원

금융위원회와 금융감독원은 기획재정부장관으로부터 위탁받아 외국환업무취급기관의 건전성을 감독하고, 외국환업무취급기관과 그 거래당사자 및 관계인에 대한 검사를 한다.

4-4. 외국환업무취급기관

외국환업무취급기관 중에서 외국환은행은 은행업무와 관련된 모든 외국환업무를 취급하는 한편 「외국환거래규정」에서 규정한 외국환거래에 대한 확인, 신고, 통보, 및 사후관리 등 행정업무를 수행하고 있다. 외국환은행 이외의 다른 외국환업무취급기관은 각각 고유 업무와 관련된 외국환업무를 제한적으로 취급한다.

4-5. 관세청

관세청은 지급수단 또는 증권의 수출입 신고, 수출입거래 및 이와 직접 관련된 용역거래·자본거래에 대한 검사 및 그에 따른 제재, 개항장 안에 설치된 환전영업자 감독 등의 업무를 담당하고 있다.

4-6. 국세청

국세청은 외국환거래법령에 의해 외국환업무취급기관이 통보하는 각종 외국환거래의 내역을 세원의 관리에 활용하고 있다.

4-7. 국제금융센터

기획재정부장관으로부터 외환정보 분석기관으로 지정받은 국제금융센터는 외환정보 집중기관으로부터 제공받은 정보를 분석하는 업무를 수행하고 있다.

[그림 1·2] 우리나라의 외국환거래 관리체계

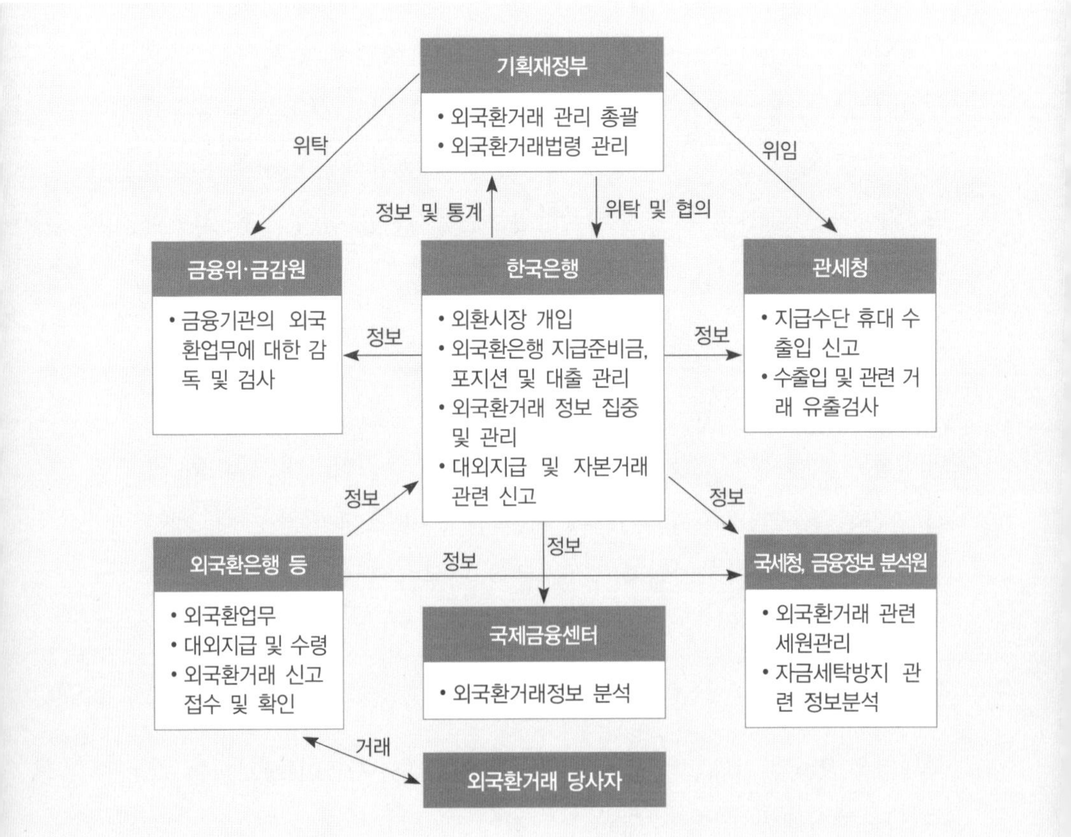

제2절 외국환업무취급기관의 업무

1. 외국환업무취급기관

1-1. 등록 및 업무범위

외국환업무를 취급하려는 금융기관은 자본금의 규모 및 재무건전성이 적정하여야 하며 또한 외국환업무를 수행하는 데 필요한 전산설비와 전문인력도 확보하여 기획재정부장관에게 등록하여야 한다(법 제8조 및 영 제13조).

외국환업무취급기관[3] 중에서 가장 핵심적인 역할을 수행하고 있는 외국환은행은 「은행법」, 「농·수산업협동조합법」, 「한국산업은행법」, 「한국수출입은행법」 및 「중소기업은행법」에 의해 설립되고 외국환업무취급기관으로 등록한 금융기관의 국내영업소를 말한다. 그리고 외국환은행은 「외국환거래법 시행령」(제14조)에서 규정한 모든 외국환업무를 취급할 수 있다.

---

3) 「외국환거래법」(제2장)에서는 외국환업무취급기관과 환전영업자 및 외국환중개회사를 포괄하여 '외국환업무취급기관 등'이라는 용어를 사용하고 있다.

그리고 체신관서와 「자본시장법」 등에 의해 설립되고 외국환업무취급기관으로 등록한 금융기관은 [표 1·1]과 같이 그 기관의 고유 업무와 관련된 외국환업무만 취급할 수 있도록 규정하고 있다(규정 제2장 제2절).

[표 1·1] 금융기관별 외국환업무 취급범위

기관별	취 급 범 위
은 행	• 외국환의 발행 또는 매매 • 대한민국과 외국 간의 지급, 추심 및 수령 • 외화로 표시되거나 지급되는 거주자의 예금, 금전대차 또는 보증 • 비거주자와의 예금, 금전대차 또는 보증 • 비거주자와의 내국통화로 표시되거나 지급되는 증권, 채권의 매매 • 거주자 간의 외국환관련 신탁, 보험 및 파생금융거래 • 거주자와 비거주자 간의 신탁, 보험 및 파생금융거래 • 외국통화로 표시된 시설대여 • 기타 위의 업무에 부대되는 업무
종합금융회사	• 외국환은행의 업무 중 예금, 수입신용장 발행 및 대외지급을 제외한 외국환업무
투자매매업자	• 증권 매매(발행 및 인수 포함) • 기관 간 외환시장에서의 대외지급수단 매매 • 파생상품(통화, 증권 및 신용) 매매 등
투자중개업자	• 증권매매의 중개(주선 및 대리 포함) • 기관 간 외환시장에서의 대외지급수단 매매 • 파생상품(통화, 증권 및 신용) 매매의 중개 등
집합투자업자	• 당해 집합투자업자가 발행한 집합투자증권의 매매 • 고객투자자금 환전을 위한 대외지급수단의 매매 • 외화표시 집합투자증권의 발행, 모집 • 파생상품(통화, 증권 및 신용) 매매의 운용 지시 등

기관별	취 급 범 위
투자일임업자	• 거주자의 외화자산에 대한 투자일임 • 비거주자의 원화자산 또는 외화자산의 투자일임 • 투자를 일임받은 원화자산 또는 외화자산의 운용
신탁업자	• 거주자의 외화자산의 신탁 • 비거주자의 원화자산 또는 외화자산의 신탁 • 신탁을 받은 원화자산 또는 외화자산의 운용
보험사업자	• 거주자와의 외화표시 보험·재보험 및 비거주자와의 보험·재보험 • 외화대출 및 동 외화대출채권의 매매 • 기관 간 외환시장에서의 대외지급수단 매매 및 선물환거래 • 외화표시 신용파생결합증권 매매 및 신용연계예금거래
신협·상호 저축은행	• 외국통화 및 여행자수표의 매매(비거주자에 대해서는 재환전만 가능)
여신전문 금융업자	• 외화대출 및 동 외화대출채권의 매매 • 외화리스채권의 매매 • 외화표시 시설대여, 외화표시 할부금융, 외화표시 할부금융채권 매매

1-2. 외국환은행의 업무

외국환은행의 업무는 [표 1·1]에서 본 것과 같이 외국환의 발행 또는 매매, 외화자금의 차입 및 예수, 외화대출 및 외화보증 등으로 규정되어 있어 거래하는 통화만 다를 뿐 일반적인 은행의 업무와 다를 바가 없기 때문에 원칙적으로 자유롭게 영위하도록 하고 있다. 다만 거래 상대방이 비거주자인 경우와 일부 외국환거래에 대해서는 제한하고 있다.

외국환은행은 금융기관이 아닌 고객과 외국환을 매매할 때는 법령에서 인정된 거래와 관련된 것인지 확인할 의무가 있으며 외국인 거주자, 국민인 비거주자 및 비거주자와의 매매는 사전에 한국은행에 신고토록 규정한 사항이 아닌지 살펴보아야 한다(규정 제2-2조 및 제2-3조).

외국환은행이 비거주자로부터 상환기간이 1년을 초과하고 금액이 5천만 달러를 넘어서는 외화자금을 차입할 때는 사전에 기획재정부에 신고하여야 한다(규정 제2-5조). 외화예금에 대해서는 한국은행이 규정한 지급준비율[4]에 따라 외화지급준비금을 한국은행에 예치해야 하며, 거주자에 대한 외화대출은 한국은행이 외화대출 관련규정에서 정한 용도에 적합하게 취급해야 한다.

그리고 비거주자에 대한 원화대출은 300억 원을 초과하는 경우 당해 비거주자가 사전에 한국은행에 신고를 한 다음 취급할 수 있다(규정 제2-6조). 외국환은행이 비거주자로부터 외화자금을 조달하여 비거주자를 대상으로 운용하는 업무를 별도로 계리하기 위하여 역외계정(off-shore account)을 설치할 경우 이를 일반계정과 구분하여 계리하여야 하며, 일반계정과의 자금이체는 역외계정 평잔의 10%를 넘는 경

4) 거주자의 만기 1개월 이상 외화정기예금, 만기 30일 이상 외화양도성예금증서 및 만기 6개월 이상 외화정기적금은 2%이고, 기타예금은 7.0%이며, 비거주자, 해외이주자 및 외국환은행 등의 외화예금과 이들의 외화양도성예금증서는 1%로 각각 규정하고 있다(2009년 9월말 기준).

우 기획재정부장관의 허가를 받아야 한다(규정 제2-10조).

1-3. 외국환은행의 외화건전성 감독

기획재정부장관이 금융위원회에 위탁하고 금융위원회가 금융감독원장에게 다시 위탁한 외국환은행의 업무에 대한 건전성 감독은 크게 외화자산 및 부채의 건전성 지도비율과 위험관리기준의 설정으로 나누어 볼 수 있다.

금융감독원은 [표 1·2]와 같이 외화자산 및 부채의 만기불일치 비율, 외화유동성 비율, 그리고 중장기 외화대출재원조달의 비율을 설정하고 외국환은행(외국은행 국내지점 제외)이 준수하도록 관리하고 있다(은행업감독규정 제65조). 그리고 A등급 이상 안전자산의 최저 보유한도(2%)도 설정하여 관리하게 된다.

또한 외국환은행(외국은행 국내지점 제외)은 금융감독원이 위험의 종류별로 정한 예시기준을 참고로 하여 자체적으로 위험관리기준을 설정하고 운용하여야 한다. 관리대상 위험의 종류로는 국가별위험, 거액신용위험, 파생금융거래위험 및 시장위험의 4가지가 있다(은행업감독규정 제67조).

[표 1·2] 외국환은행에 대한 외화건전성 지도비율

관리항목	산 정 방 식	지도기준	관리주기
만기불일치 비율			
• 7일 이내 갭비율	(7일 이내 외화자산 − 7일 이내 외화부채) / 총 외화자산	30% 이상	월별
• 1개월 이내 갭비율	(1개월 이내 외화자산 − 1개월 이내 외화부채) / 총 외화자산	−10% 이상	월별
외화유동성 비율[1]	잔존만기 3개월 이내 외화자산 / 잔존만기 3개월 이내 외화부채	85% 이상	월별
중장기외화대출 재원조달비율	상환기간 1년 초과 외화조달 잔액 / 상환기간 1년 초과 외화대출 잔액	90% 이상	분기

주: 1) 자산의 유형별로 가중치를 두고 있으며 이를 기준으로 산정한다.

2. 환전영업자 및 외국환중개회사

2-1. 환전영업자

환전을 업으로 하고자 하는 자(금융기관뿐만 아니라 개인도 포함)는 건물등기부등본 등 영업장에 관한 증빙서류를 갖추어 한국은행총재에게 등록하면 환전영업을 할 수 있다(영 제15조 및 제37조).

환전영업자의 주된 업무는 거주자 또는 비거주자로부터 외국통화와 외국에서 발행된 여행자수표를 매입하는 것이며 예외적으로 외국통화의 매도(재환전)는 비거주자가 외국환업무취급기관 또는 환전영업자에게 내국지급수단을 대가로 매각한 실적의 범위 내에서 가능하다. 다만 비거주자 및 외국인 거주자가 환전영업자의 카지노에서 획득한 금액 또는 미사용한 금액은 재환전할 수 있다(규정 제3-2조).

환전영업자가 외국통화 및 여행자 수표를 매입할 때는 외국환매각신청서를 받고 실명확인증표에 의하여 인적사항을 확인해야 한다. 또한 건당 2만 달러를 초과하여 매입하는 경우에는 그 취득이 신고 등의 대상인지 여부를 확인해야 하며, 건당 1만 달러를 초과하여 매입한 경우에는 이를 국세청에 통보해야 한다. 환전영업자에 대한 감독은 한국은행이 맡고 있는데 예외적으로 개항장 안에 설치된 환전영업자에 대하여는 관세청이 감독하도록 하고 있다.

2-2. 외국환중개회사

외국환중개업을 영위하고자 하는 자는 자본, 시설 및 전문인력에 관한 증빙서류를 기획재정부장관에게 제출하여 인가를 받아야 한다. 인가요건으로는 40억 원(현물환중개회사는 50억 원) 이상의 납입자본금, 외국환중개업무 및 이에 관한 보고를 할 수 있는 전산시설과 업무수행에 필요한 전문인력의 확보 등을 규정하고 있다. 그리고 외국에서 외국환중개업무를 영위하기 위해서도 기획재정부장관의 인가를 받아야 한다

(법 제18조 및 제19조). 기획재정부장관은 외국환중개회사에 대한 업무의 감독 및 감독에 필요한 명령, 법령을 위반할 때 업무의 제한 및 정지 등에 관한 권한을 한국은행총재에게 위탁하고 있다(규정 제3-4조).

제3 절 지급과 수령

1. 지급과 수령의 절차

대외거래의 지급과 수령(이하 '지급등'이라고 함)[5]은 외국환은행을 통해서 송금이나 추심에 의해 이루어지는 것을 원칙으로 하여 그 절차를 규정하고 있으며, 그 이외에 지급수단을 직접 휴대하여 지급하거나 수령하여 반입할 때에는 외국환은행의 확인 또는 세관의 신고를 거치도록 하여 관리하고 있다.

국내외 또는 거주자와 비거주자 간에 1천 달러를 초과하는 지급등을 하고자 하는 자는 외국환은행에 지급등의 사유와 금액을 입증하는 서류를 제출하여야 하며, 지급등의 원인이 되는 거래행위가 외국환거래

5) 「외국환거래규정」에서는 지급과 수령을 '지급등'이라고 줄여 사용하고 있다.

법령과 다른 법령에 의해 허가나 신고 등(확인 및 인정을 포함)을 요하는 경우에는 지급등을 하기 전에 먼저 그 절차를 거쳐야 한다.

다만, 예외적으로 연간 누계액이 5만 달러 이내인 지급, 정부 또는 지방자치단체의 지급등, 전년도 수출 또는 수입 실적이 5천만 달러 이상인 기업의 송금방식 무역대금의 지급등은 증빙서류를 제출하지 않아도 된다(규정 제4-3조).

또한 불법적으로 외화가 유출될 소지가 있거나 반복적으로 발생하는 지급등은 하나의 외국환은행(영업소 기준)을 지정하고 그 은행을 통해서만 거래가 이루어지도록 하여 관리하고 있다. 외국인 거주자 또는 비거주자의 국내보수 또는 국내소득의 지급, 증빙서류가 없는 1천 달러 초과의 지급(일반적으로 '증여성 지급'이라고 말함), 해외체재비 및 유학생경비의 지급 등이 이에 해당한다.

이러한 절차를 거친 후 실제로 대외거래의 지급등을 실행하는 외국환은행은 그 지급등이 외국환거래법령에 따른 신고 등의 대상인지 여부를 확인하여야 한다. 특히 비거주자 및 외국인 거주자는 자금의 취득경위를 입증하는 서류를 제출하여 외국환은행의 확인을 받은 후에나 지급이 가능하다(규정 제4-4조).

그리고 외국환은행은 지급등을 마친 후 항목별로 그 내역을 각각 국세청, 관세청 및 금융감독원에 통보하여 각 기관이 사후적으로 이를 관리하도록 하고 있다(규정 제4-8조).

한편 우리나라의 경상수지에서 큰 비중을 차지하고 있을 뿐만 아니라 대외지급수단을 휴대하여 반출이 가능한 해외여행경비 및 해외이주비의 지급에 대해서는 별도로 그 절차를 상세히 규정하고 있으며(규정 제4-5조 및 제4-6조), 외국의 국적이나 영주권을 취득한 재외동포가 국내에 보유한 재산을 반출하는 절차에 대해서도 별도로 규정하고 있다(규정 제4-7조).

2. 지급과 수령의 방법

경상거래와 관련된 지급과 수령의 방법은 원칙적으로 자유로우나 거주자와 비거주자 간의 채권·채무를 소멸시키거나 불법적인 외화유출의 수단으로 이용될 소지가 있는 방법에 대해서는 특별히 관리하고 있다. 현재 외국환거래법령에서 신고 등의 의무를 부과하고 있는 지급과 수령의 방법은 상계 및 상호계산에 의한 지급등, 일정기간을 초과하는 수출입대금의 지급등, 거래당사자가 아닌 제3자와의 지급등, 그리고 외국환은행을 통하지 아니하는 지급등이다.

2-1. 상계 및 상호계산에 의한 지급등

상계는 거주자와 비거주자 간에 수출입, 용역 및 자본 거래를 하면서 발생하는 채권·채무를 건별로 결제하지 않고 일정시점에서 서로 상쇄한 후 차액만 지급하거나 수령하는 방법을 말한다. 이와 같이 상계는 일회적인 것이나 상호계산은 계속해서 이루어지는 거래의 채권·채무를 주기적으로 상쇄하고 그 차액을 정산한다는 점에서 서로 다르다.

상계는 양자 간뿐만 아니라 다자간에도 할 수 있다. 다국적기업의 경우 상계센터를 설립하여 동 센터가 본사 및 지사 간 또는 지사 간의 채권·채무를 총괄하여 상계하는 방식으로 운영하고 있다. 이는 본·지사 간의 거래빈도와 금액을 줄여 금융비용을 절감하고 환위험도 줄일 수 있는 이점이 있다.

국내 보험업자와 외국 재보험업자 간의 상계나 국내 신용카드업자와 외국 신용카드업자 간의 상계와 같이 기업의 영업활동과 관련하여 정형화된 거래에 대해서는 신고를 요하지 않으나(규정 제5-4조), 그 외의 거래는 외국환은행 또는 한국은행에 신고하여야 한다.

상호계산에 의해 지급등을 하고자 하는 자는 거래할 외국환은행을 지정하고 그 은행에 상호계산신고서를 제출한 후 상호계산계정을 설치하여야 한다(규정 제5-5조). 상호계산계정을 통하여 대기(貸記) 또는 차기(借記)할 수 있는 항목은 그 상대방과의 채권 또는 채무이며 외국환거래법령에 의해 신고를 요하는 거래는 먼저 그 절차를 마쳐야 한다.

상호계정의 결산은 사업연도를 기준으로 1년 이내에 월단위로 실시하며 대차기 잔액은 결산기간 종료 후 3개월 이내에 지정거래 외국환은행에 신고한 후 지급 또는 영수한다.

2-2. 일정기간을 초과하는 지급등

거주자가 수출입대금을 수령하거나 지급하는 방법은 원칙적으로 자유로우나 그 대금의 지급과 수령이 물품의 수령 및 선적과 상당한 기간을 두고 발생하는 거래에 대해서는 예외적으로 한국은행에 신고하도록 하여 관리하고 있다(규정 제5-8조).

한국은행에 신고하여야 하는 수출대금의 수령방법은 5만 달러를 초과하는 수출거래로서 국내본사와 해외지사(현지법인 포함) 간에 물품을 선적하기 전에 수출대금을 수령하거나 선적을 한 후 3년을 초과하여 수령하는 경우이다. 그리고 본·지사 간이 아닌 수출은 물품을 선적하기 1년 이전에 수출대금을 미리 받는 방법이다.

수입대금의 지급에 있어서는 2만 달러를 초과하는 수입대금을 물품을 수령하기도 전에 1년 이상 미리 송금방식으로 지급하거나 5만 달러를 초과하는 미가공 재수출 목적의 금을 수입하고 그 대금을 물품을 수령한 날로부터 30일을 초과하여 지급하는 경우에 한해 한국은행에 신고하도록 규정하고 있다.

참고 1 수출입대금 결제방식

국제무역에 있어서 대금을 결제하는 방식으로는 크게 수입상이 수입대금을 수출상에게 송금하여 주는 송금방식(remittance)과 수출상이 수출대금을 수입상에게 추심하는 추심방식(collection)으로 구분해 볼 수 있다.

① 송금방식

송금방식은 수입상이 수출상에게 은행의 송금수표(banker's check) 또는 우편환(mail transfer)을 우송하거나 은행을 통해 전신송금(telegraphic transfer)으로 수입대금을 결제하는 것을 말한다.

② 추심방식

추심방식은 수출상이 환어음에 선하증권(bill of lading) 등 선적서류를 첨부하여 은행을 통해 수입상에게 추심하는 것을 말한다. 추심방식 중에서 신용장에 의한 방식은 신용장 개설은행이 대금의 지급을 보장하는 반면 무신용장방식은 수입상의 지급능력에 따라 대금결제가 이루어지게 되므로 본·지사 간과 같이 신용이 확실한 경우에 주로 이용하고 있다.

신용장은 일람출급신용장(At sight L/C)과 기한부신용장(Usance L/C)으로 나뉘며 이에 근거한 환어음의 기간에 따라 수출상이 수출대금을 회수할 수 있는 기간이 달라진다. 일람출급신용장은 선적 후 즉시 수출대금을 회수할 수 있는 반면 기한부신용장은 원칙적으로 어음기간(90 days after sight 등) 이후에나 대금을 받을 수가 있다.

무신용장에 의한 추심방식에는 지급인도방식(Documents against Payment)과 인수인도방식(Document against Acceptance)이 있으며, D/P방식은 일람출급신용장과 D/A방식은 기한부신용장과 대금의 결제방법이 거의 비슷하다.

2-3. 제3자와의 지급등

제3자와의 지급등은 거주자가 당해 거래의 당사자가 아닌 비거주자 또는 거주자와 지급 및 수령을 하거나 당해 거래의 당사자가 아닌 거주자가 당해 거래의 당사자인 비거주자와 지급 및 수령을 하는 것을 말한다.

예를 들어, 국내은행의 해외점포(비거주자)가 국내재산을 담보로 재외동포(비거주자)에게 대출을 한 후 만기에 상환을 받지 못해 본점(거주자)이 대신 담보를 처분하고 그 대금을 해외점포에 지급하는 것이 이에 해당된다. 제3자와의 지급등은 인정된 거래와 관련되는 경우를 제외하고는 대부분 사전에 한국은행에 신고하여야 한다(규정 제5-10조).

[그림 1·3] 제3자와의 지급 및 수령(예)

① 거주가(A)가 당해 거래의 당사자가 아닌 비거주자(C) 또는 거주자(D)와 지급 및 수령을 하는 거래

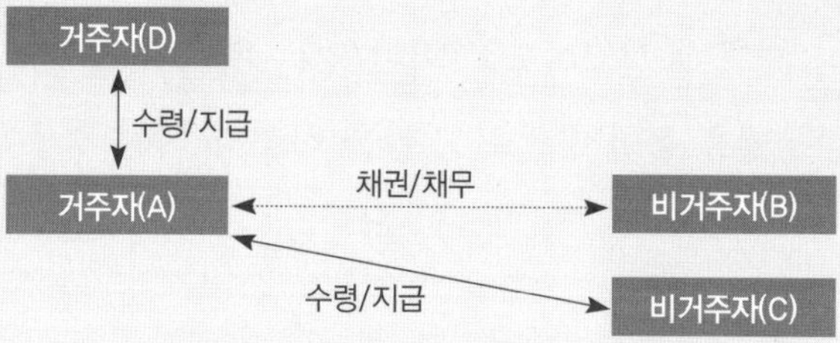

② 당해 거래의 당사자가 아닌 거주자(C)가 당해 거래의 당사자인 비거주자(B)와 지급 및 수령을 하는 거래

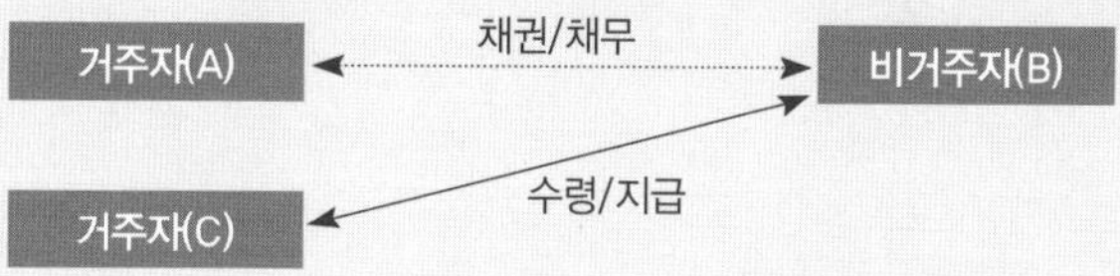

③ 당해 거래의 당사자가 아닌 거주자(C)가 당해 거래의 당사자인 비거주자(B)와 지급 및 수령을 하는 거래

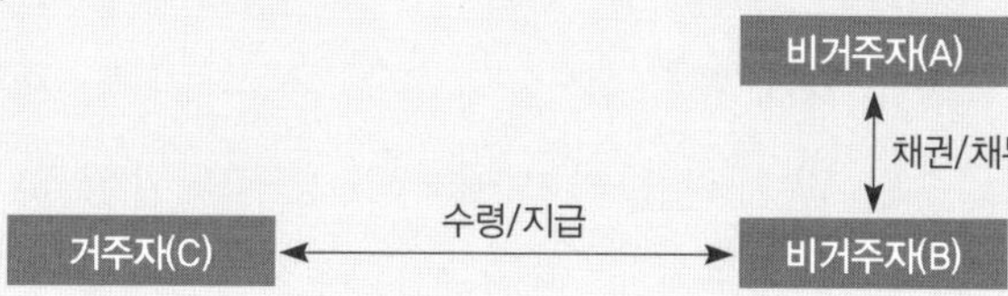

2-4. 외국환은행을 통하지 아니하는 지급등

해외여행자가 소요경비를 현금이나 신용카드를 사용하여 해외에서 지급하거나 항공기 또는 선박 안에서 물품을 구입하고 대금을 지급하

는 것과 같은 거래는 외국환은행을 통하여 대외지급수단을 지급할 수 가 없다. 이와 같이 외국환은행을 통하지 않고 지급하는 것이 불가피하여 신고 예외사항으로 규정되어 있는 경우, 외국환은행으로부터 확인을 받거나 세관에 신고하도록 되어 있는 경우 등을 제외하고 거주자가 외국환은행을 통하지 않고 지급을 하고자 하는 경우에는 한국은행에 신고하여야 한다(규정 제5-11조).

제4 절 자본거래

현행 외국환거래법령에서 자본거래는 OECD 자본이동 자유화규약(Code of Liberalization of Capital Movements)[6]의 분류를 기초로 하여 우리나라의 실정에 맞게 예금 및 신탁거래, 금전대차 및 채무의 보증거래, 대외지급수단 및 채권 등의 매매거래, 증권의 발행 및 취득거래, 파생상품거래, 기타의 자본거래, 현지금융, 해외직접투자 및 국내기업 등의 해외지사, 외국기업 등의 국내지사, 부동산 취득거래 등으로 각

6) OECD 자본이동 자유화규약은 자본거래를 대분류 16개, 중분류 47개, 소분류 91개 항목으로 나누어 규정하고 있으며, 또한 그 성격에 따라 소분류를 기준으로 자유화 이후에도 유보가 가능한 항목(List A) 53개와 재유보가 불가능한 항목(List B) 38개로 각각 나누고 있다.

각 구분하여 규정하고 있다.

자본거래는 거래의 주체 및 통화에 따라 거주자와 비거주자 간에 외국통화 또는 원화로 표시되거나 지급을 받을 수 있는 거래, 거주자 간에 외국통화로 표시되거나 지급을 받을 수 있는 거래, 그리고 비거주자 간에 원화로 표시되거나 지급을 받을 수 있는 거래로 나누어진다.

이 중에서 거주자 간의 외국통화표시 자본거래는 자유롭게 허용하되 그 대금의 지급과 수령은 외국환은행을 통하도록 규정하고 있을 뿐이다.

그리고 비거주자 간의 원화표시 자본거래에 대해서는 일부 사항을 제외하고 원칙적으로 신고를 하도록 규정하고 있지만 현실적으로 그 효력이 이들에게까지 미치기가 어렵다. 따라서 국경을 넘어 자본의 이동이 이루어지는 거주자와 비거주자 간의 거래(cross-border supply or consumption)가 규정의 주된 대상이 되고 있다.

자본거래의 원인행위에 대해서는 제1절에서 언급한 바와 같이 「자본시장법」, 「외국인토지법」, 「외국인투자촉진법」 등에서도 일부 규정하고 있지만 대부분 외국환거래법령에서 규정하고 있으며 그 지급등의 절차에 대해서도 함께 명시하고 있다.

1. 예금 및 신탁

거주자가 국내에서 외화예금을 하거나 외화신탁을 하는 데에는 아무런 제한이 없으나 비거주자가 국내에서 원화예금을 하거나 외화신탁을 할 경우에는 예치재원 및 처분의 용도를 지정하고 있다. 즉, 비거주자가 비거주자원화계정을 처분하고 외화로 환전하여 송금하고자 하는 경우에는 한국은행에 대외지급수단 매매신고를 하여야 한다. 다만 비거주자가 거주자와 원화표시 경상거래 및 재보험거래를 결제하는데 이용하고 있는 비거주자자유원계정(free won account)은 외화로의 환전 및 송금이 자유롭다(규정 제7-8조 및 제9조).

거주자가 해외증권투자, 해외직접투자, 해외증권 발행과 같이 인정된 거래와 관련하여 해외에 외화예금을 하는 것은 자유로우나 자산운용이 목적일 때는 지정거래 외국환은행에 신고하여야 한다. 그리고 건당 5만 달러를 초과하여 국내에서 송금한 자금으로 해외에 예금을 하고자 할 때는 한국은행에 신고하여야 한다. 다만 기관투자가, 전년도 수출입실적이 5백만 달러 이상인 자, 해외건설업자 등의 해외예금은 예외로 하고 있다.

아울러 거주자가 자산운용을 목적으로 비거주자와 해외에서 신탁을 거래하고자 하는 경우에는 한국은행에 신고하여야 하며, 신탁기간이 만료되어 금전이 아닌 자산 또는 이에 대한 권리를 취득하고자 하는 경우에는 규정이 정하는 바에 따라 그에 대한 신고를 별도로 해야 한다(규정 제7-11조).

2. 금전의 대차

거주자와 비거주자 간 금전의 대차는 자본거래에서 중요한 관리대상이다. 대표적인 예로는 국내금융기관과 기업이 해외금융기관으로부터 외화자금을 차입하는 것과 외국기업 국내법인이 본사에게 외화자금

[표 1·3] 거주자의 외화차입 신고기관[1)]

	외국환은행(지정)	한국은행	기획재정부
지방자치단체 및 정부기관	3천만 달러 이내	–	3천만 달러 초과
영리법인	3천만 달러 이내	–	3천만 달러 초과
• 정유 및 가스 수입업자	수입대금 결제를 위해 3천만 달러 초과 금액을 1년 이내로 차입하는 경우	–	수입대금 결제 이외의 용도로 3천만 달러 초과 금액을 1년 초과로 차입하는 경우
• 외투기업	일정한도[2)] 내에서 3천만 달러 초과 금액을 1년 이내로 차입하는 경우	–	3천만 달러 초과 금액을 1년 초과로 차입하는 경우
개인 및 비영리법인	–	지정 은행 경유 신고	

주: 1) 3천만 달러는 차입신고 시점부터 과거 1년간 누적금액을 기준으로 한다.
2) 일반제조업체는 외국인투자금액의 50% 이내, 고도기술업체는 외국인투자금액의 100% 이내가 한도이다.

을 대출해주는 것을 들 수 있다.

거주자가 비거주자로부터 직접 외화자금을 차입(증권발행 포함)할 때에는 [표 1·3]과 같이 거주자의 성격, 차입규모 및 기간에 따라 지정거래 외국환은행, 한국은행 또는 기획재정부에 각각 신고하도록 하여 관리하고 있다(규정 제7-14조). 한편, 외국환은행이 아닌 거주자가 비거주자에게 원화자금 또는 외화자금을 대출해주고자 할 때는 한국은행에 신고하도록 하여 제한하고 있다(규정 제7-16조).

3. 증권의 발행 및 취득

거주자와 비거주자가 국내외에서 증권을 발행할 경우 표시통화 및 장소에 따라 각각 다르게 규정하고 있다. 거주자가 외국에서 외화증권을 발행할 때는 금전의 대차관련 규정을 준용하며, 거주자 또는 비거주자가 외국에서 원화증권을 발행하거나 비거주자가 국내에서 원화 또는 외화증권을 발행하고자 하는 경우에는 기획재정부에 신고하여야 한다(규정 제7-22조, 제7-23조).

거주자와 비거주자 간 증권거래는 유통시장에서 자산운용을 목적으로 증권을 매매하는 간접투자(portfolio investment)와 국내 또는 해외법인의 경영에 참여하기 위해 그 법인의 지분 등 증권을 취득하는 직접투자(direct investment)로 구분된다. 이 중에서 직접투자가 아닌 거주자와 비거주자 간의 증권취득은 신고가 면제되는 대상을 열거하고(제7-31조 및 제32조), 그 외에는 외국환은행 또는 한국은행에 신고하도록 규정하고 있으며 아울러 취득이 허용된 증권의 일반적인 투자절차를 명시하고 있다.

거주자가 외화증권에 투자하는 절차는 기관투자가와 일반투자가로 나누어 각각 달리 규정하고 있다. 기관투자가[7]는 투자절차에 대한 제한이 없으나 일반투자가는 투자중개업자를 통하여 외화증권의 매매를 위탁하여야 한다. 다만 외국집합투자증권은 투자매매업자 또는 투자중개업자를 상대방으로 하여 매매가 가능하다(규정 제7-33조). 그리고 매매를 위탁받은 투자중개업자는 외국환은행에 개설된 일반투자가 또는 투자중개업자 명의의 외화증권투자전용외화계정을 통하여 투자관련자금을 송금하거나 회수하여야 한다(규정 제7-34조).

외국인투자가가 국내의 주식 등 원화증권에 투자할 때에는 금융감독원에 투자자로 등록하여 투자자등록번호(ID)를 부여받고 외국환은행에 본인명의의 투자전용대외계정과 투자전용비거주자원화계정을 개설한 후 이를 통해 관련자금을 예치, 처분 및 송금하도록 규정하고

7) 기관투자가는 「자본시장법시행령」(제10조)의 금융기관, 집합투자기구 및 금융위에 신고한 전문투자가를 말한다.

있다(규정 제7-37조). 외국인투자가가 국내에서 증권을 투자하는 경로는 [그림 1·4]와 같다.

[그림 1·4] 외국인투자가의 원화증권투자 절차

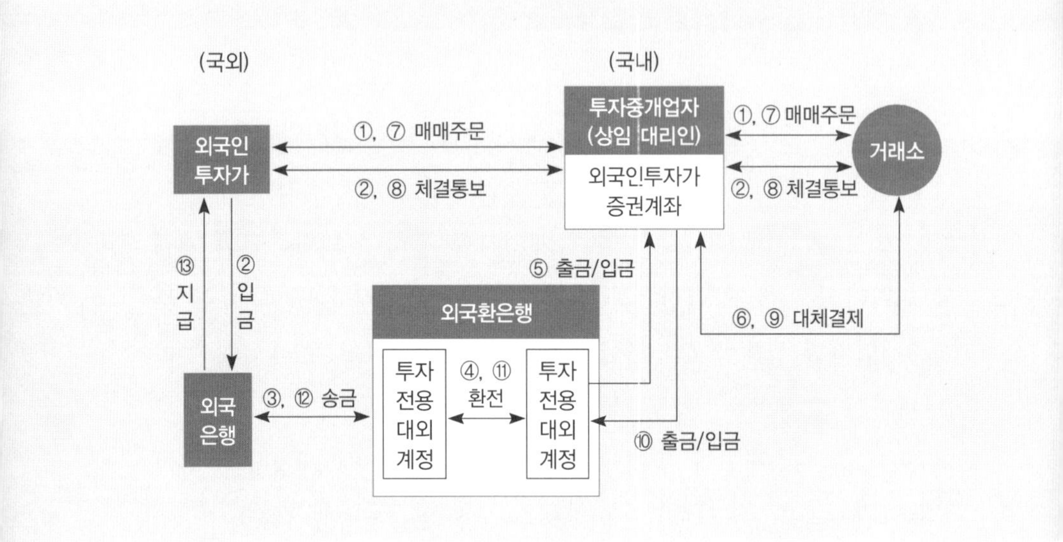

4. 현지금융

현지금융이란 금융기관(해외지점 및 현지법인 포함)이 아닌 거주자 또는 거주자의 해외지점 및 현지법인이 외국에서 사용하기 위해 외화자금을 차입(증권발행 포함)하거나 지급보증을 받는 것을 말한다.

[표 1·4] 현지금융관련 신고체계

차입자	보증 및 담보	신고자	신고기관
거주자	다른 거주자의 보증 및 담보 제공이 없는 경우	당해 거주자	지정거래 외국환은행
	당해 거주자의 담보 제공		
	외국환은행의 보증		
	다른 거주자의 보증 및 담보 제공	다른 거주자	현지금융을 받는 거주자의 지정거래 외국환은행
	외화증권 발행(3천만 달러 초과)	당해 거주자	기획재정부
거주자의 해외지점 및 현지법인	외국환은행의 보증	설치한 거주자	현지법인을 설치한 거주자의 지정거래 외국환은행
	당해 현지법인 등을 설치한 거주자의 보증	설치한 거주자	
	다른 거주자의 보증 및 담보 제공	다른 거주자	

거주자의 범위에서 개인이 제외되고, 해외지점에서는 독립채산제의 예외적용을 받는 외항운송업자, 원양어업자, 해외건설·용역사업자의 해외지점이 제외되며 현지법인에는 거주자의 현지법인이 50% 이상 출자한 자회사가 포함된다.

현지금융은 주로 해외에서 기업의 영업활동과 관련된 것이지만 자본거래를 통해 관리하고 있는 것은 거주자의 현지금융이나 거주자의 보증에 의한 현지금융은 그 상환의 부담이 최종적으로 국내에 귀속되기 때문이다.

한편, 현지금융으로 조달한 자금은 국내금융시장을 교란하지 않도록 현지법인 등과 거주자 간의 인정된 경상거래의 결제자금 이외에는 국내로 유입되지 못하도록 제한하고 있다(규정 제8-1조). 그리고 현지금융은 보증이 있는 경우와 없는 경우에 각각 신고하여야 하는 주체가 [표 1·4]와 같이 다르다.

5. 직접투자

5-1. 해외직접투자

거주자의 해외직접투자는 크게 외국법인이 발행한 증권을 취득하거나 그 법인에 대한 금전의 대여 등을 통해 그 법인과 지속적인 경제관계를 맺는 거래 또는 행위와 외국에서 영업소를 설치·확장·운영하거나 해외사업 활동을 하기 위하여 자금을 지급하는 행위로 나누어진다(법 제3조).

앞의 형태에 해당하는 해외직접투자에는 외국법인의 경영에 참여하기 위해 그 법인의 주식 또는 출자지분을 10% 이상 취득하는 투자, 투자비율이 10% 미만인 경우로서 임원의 파견, 1년 이상 원자재 또는 제품의 매매계약 체결, 기술의 제공·도입 또는 공동연구개발 계약의 체결, 해외건설 및 산업설비공사를 수주하는 계약의 체결, 이미 투자한 외국법인의 주식 또는 출자지분을 추가로 취득하거나 상환기간 1년 이상으로 금전을 대여하는 것 등이 있다.

그리고 뒤의 형태에 해당하는 해외직접투자로는 지점 또는 사무소 설치비 및 영업기금의 지급, 거주자가 외국에서 법인형태가 아닌 기업을 설치·운영하기 위한 자금의 지급 및 해외자원개발사업 또는 사회간접자본개발사업을 위한 자금의 지급이 있다(영 제8조).

해외직접투자의 수단은 지급수단, 현지법인의 이익유보금 및 자본잉여금, 자본재, 산업재산권과 이에 준하는 기술, 해외법인 또는 해외지점·사무소 청산시 그 잔여재산, 채권회수의무대상에서 제외된 대외채권, 주식, 기타 그 가치와 금액의 적정성을 입증할 수 있는 자산이다(규정 제9-1조).

금융기관을 제외한 거주자가 해외직접투자를 하고자 하는 경우에는 외국환은행에 신고하여야 한다(규정 제9-5조 및 제9-7조). 다만 거주자(개인 및 개인사업자 제외)가 역외금융회사[8]에 대한 해외직접투자를 하

8) 역외금융회사(시장에서는 역외펀드라고 말함)란 직접 또는 자회사 등을 통하여 증권, 채권 및 파생금융상품에 투자하여 수익을 얻는 것을 목적으로 외국법에 따라 설립된 회사(설립 중인 회사 및 계약형태를 포함)로 설립의 준거법령지역에 실질적 경영활동을 위한 영업소를 설치하지 않는 회사(paper company)를 말한다(규정 제1-2조).

고자 하는 경우에는 한국은행에 신고하여야 한다(규정 제9-15조).

한편 금융기관의 해외직접투자(해외지사 설치 포함)에 대해서는 「외국환거래규정」 이외에 금융위원회의 「금융기관의 해외진출에 관한 규정」도 함께 적용된다. 동 규정에 따르면 금융기관이 금융·보험업에 대한 해외직접투자를 하고자 하는 경우에는 금융위원회에 신고하여 수리를 받아야 하며, 금융·보험업 이외의 업종에 대한 해외직접투자(역외금융회사에 대한 해외직접투자 포함)를 하고자 하는 경우에는 금융감독원장에게 신고하여야 한다(동 규정 제3조 및 제7조).

해외직접투자자는 신고한 외국환은행에 외화증권취득보고서, 송금(투자)보고서, 연간사업실적보고서, 청산보고서 등을 제출하여 그 은행이 사후관리를 할 수 있도록 해야 하며, 신고를 받은 외국환은행은 수출입은행에게 해외직접투자신고서 사본, 연간사업실적보고서 등을 제출하여 우리나라의 해외직접투자를 종합적으로 관리할 수 있도록 하고 있다(규정 제9-9조).

또한 거주자 또는 거주자가 설립한 현지법인이 북한지역에 투자하거나 사무소를 설치·운영하고자 하는 경우에는 「남북교류에 관한 법률」 및 「대북투자 등에 관한 외국환관리지침」에 따라야 한다.

5-2. 외국인직접투자

외국인직접투자는 외국인이 우리나라 기업이 발행한 의결권 있는 주식총수나 출자총액의 10% 이상을 소유하는 것(투자금액은 5천만 원 이상), 우리나라 기업의 주식 또는 지분을 소유하고 있는 외국인이 그 기업과 임원 파견, 1년 이상의 원자재 또는 제품 공급, 기술의 제공·도입 또는 공동연구개발 등의 계약을 체결하는 것, 외국인투자기업의 해외 모기업이나 그 계열회사가 당해 외국인투자기업에 5년 이상 대부하는 것 등을 말한다(「외국인투자촉진법」 제2조 및 「동 시행령」 제2조).

외국인은 신주 및 기존 주식의 취득, 합병에 의한 주식취득 등의 방법으로 투자하며 지식경제부장관으로부터 위탁을 받은 대한무역투자진흥공사 또는 외국환은행에 신고하여야 한다. 그리고 지식경제부장관은 외국인투자가 제한되는 업종, 부분적으로 허용되는 업종과 이에 대한 외국인투자허용비율, 외국인투자가의 자격 등을 고시한다.

6. 파생상품 및 부동산

6-1. 파생상품거래

외국환업무취급기관은 거주자 또는 비거주자를 상대로 자유롭게 파생상품거래를 할 수 있다. 그러나 외국환업무로서 파생상품거래를 취급할 수 없는 외국환업무취급기관과 외국환업무취급기관이 아닌 거주자가 다른 거주자 또는 비거주자와 직접 파생상품거래를 하고자 하는 경우에는 한국은행에 신고하도록 하여 제한하고 있다(규정 제7-40조).

그리고 외국환업무취급기관이 외국환업무로 취급할 수 있는 파생상품거래라 하더라도 액면금액의 20% 이상을 옵션 프리미엄 등 선급수수료로 지급하는 거래(deep in-the-money option), 기 체결된 파생상품거래에서 발생한 손실을 새로운 파생상품거래의 가격에 반영하는 거래(historical rate roll-over), 외국환거래법령에서 정한 신고 등의 절차를 회피하기 위한 수단으로 하는 거래 등은 한국은행에 신고하여야 한다(규정 제7-40조).

또한 비거주자가 국내의 주가지수선물 등 장내파생상품에 투자하고자 하는 경우에는 증권매매와 마찬가지로 투자전용대외계정과 투자전용비거주자원화계정을 개설하고 동 계정을 통해 투자관련자금을 송금하거나 회수하여야 한다(규정 제7-42조).

6-2. 부동산거래

거주자가 외국에 있는 부동산 또는 이에 관한 물권·임차권 기타 이와 유사한 권리를 취득하고자 하는 경우에는 거래의 주체 및 목적에 따라 외국환은행 또는 한국은행에 신고하여 수리를 받아야 한다(규정 제9-39조). 예를 들어, 거주자 본인 또는 배우자가 해외에서 2년 이상 체재할 목적으로 주거용 주택을 취득하거나 거주자가 투자 목적으로 외국에 있는 부동산을 취득하고자 하는 경우에는 외국환은행에 신고하여야 한다.

비거주자의 국내부동산 또는 이에 관한 권리를 취득하는 경우에도 외국환은행 또는 한국은행에 신고하여 수리를 받아야 한다. 즉, 비거주자가 휴대수입 또는 송금된 자금으로 국내의 부동산 등을 취득하거나 거주자와 인정된 거래에 따른 담보권을 실행함에 따라 국내의 부동산 등을 취득하게 되는 경우에는 외국환은행에 신고하고 그 이외에는 한국은행에 신고하여야 한다(규정 제9-42조).

그리고 외국인이 국내의 토지를 취득한 때에는 토지를 취득한 날부터 6개월 이내에 관할 시장·군수 또는 구청장에게 신고하여야 한다(「외국인토지법」 제5조).

제 2 장

환율과 외환시장

우리나라는 외환 및 자본거래를 자유화함에 따라 개별적인 외환거래에 대한 규제를 통해 외환의 유출입을 관리하던 방식에서 벗어나 환율이라는 가격의 기능에 의해 외환수급이 조절되는 방식으로 전환하였고, 이제는 그러한 체제가 자리를 잡게 되었다.

그리고 수출입을 비롯한 대외거래 규모가 국민총소득 수준에 이를 정도로 크게 늘어났다. 이와 같이 우리나라는 대외적으로 금융시장의 개방이 이루어졌을 뿐만 아니라 경제의 해외의존도가 매우 높아졌기 때문에 거시경제변수로서 금리 못지않게 환율의 변동을 중시하고 있다.

이 장에서는 우선 이러한 환율을 어떻게 표기하고 외환거래별로 적용되는 환율이 다른 이유를 알아본다. 이어 그동안의 경험과 사례에 비추어 환율을 변동시키는 요인들을 효력이 미치는 기간에 따라 나누어 살펴보고, 역으로 환율의 변동이 거시경제에 미치는 영향에 대해서도 개략적으로 설명한다.

다음으로 환율이 결정되고 변동하는 우리나라의 외환시장에 누가 참여하고 있고 거래는 어떻게 이루어지고 있으며 체결된 외환거래는 어떤 절차를 거쳐 결제되는지 그 메커니즘에 대해 설명한다.

마지막으로 외환당국의 시장개입과 그 결과 금융시장에 미치는 영향을 알아보며 국가의 대외지급준비자산인 외환보유액이 증감하는 경로와 그 운용에 대해서도 살펴본다.

제1절 환 율

1. 기초 개념

1-1. 표시방법

환율은 서로 다른 나라 통화 간 교환비율(exchange rate)을 말한다. 일반적으로 각국의 통화는 ₩, US$, ¥, €, £ 등과 같이 약식기호를 사용하고 있지만 외환시장에서는 국제표준화기구(ISO, International Organization for Standardization)가 정한 3개 대문자의 표기방식을 사용한다. ISO(4217) 코드에 따르면 우리나라 원화는 KRW, 미국 달러화는 USD, 일본 엔화는 JPY, 유로화는 EUR, 영국 파운드화는 GBP, 중국 위안화는 CNY 등으로 각각 표기한다. ([부록] 참조)

또한 환율을 표시하는 방법은 국제적인 관행에 따라 유럽식(European term)과 미국식(American term)으로 나누어진다. 외환시장에서는 일반적으로 미 달러화 1단위를 기준통화(reference currency)로 삼고 이에 대응되는 자국통화의 단위수를 표시하는 방법으로 환율을 표기하고 있다. 이를 유럽식이라고 한다. 1USD=1,000.0KRW(USD/KRW 1,000.0)[9]나 1USD=104.85JPY(USD/JPY 104.85)와 같이 표기하는 것이 그 예이다. 미국식은 이와 반대로 자국통화를 기준통화로 삼고 미 달러화를 표시통화(quoted currency)로 사용한다. EUR=1.9575USD (EUR/USD 1.9575) 등과 같이 유로화와 과거 영연방국가들의 환율이나 통화선물의 환율을 표시하는 데 주로 쓰이고 있다.

이와 같이 표시방식이 다른 것은 결국 외환시장의 기축통화인 미 달러화를 기준통화로 삼느냐 또는 표시통화로 사용하느냐에 따른 방법상의 차이로 어떤 방식을 선택하든지 통화 간 교환비율에는 변함이 없다. 즉, 1USD=1,000.0KRW와 1KRW=0.001USD는 동일한 것으로 미 달러화 1단위에 대한 원화의 교환비율인 USD/KRW환율은 1,000.0원이 되는 것이다.

환율을 표시하는 최소 단위를 포인트(point)라고 한다. 1포인트는 상거래에서 사용하는 가장 작은 화폐단위의 1/100까지를 표시하는 것이 일반적인 관행이다. 외환시장에서 일본 엔화는 최소 화폐단위인 1엔의 1/100까지 표시하며 유로화는 1유로센트(1/100유로)의 1/100인 소수 넷째자리까지 표시한다. 다만 미 달러화에 대한 우리나라 원화환율은 10전 단위 미만을 절사하여 표기하고 있다.

---

9) 외환시장에서 환율은 일반적으로 기준통화를 앞에 쓰고 표시통화를 뒤에 쓰고 있지만 우리나라에서는 이와 달리 거꾸로 원/달러(KRW/USD)환율이라고 표기하는 경우가 많다. 그러므로 달러/원(USD/KRW)이라고 표기하는 것이, 즉 KRW/USD 1,000.0이 아니라 USD/KRW 1,000.0이라고 쓰는 것이 시장관행에 적합한 표기방법이다.

1-2. 매입률과 매도율

환율은 매입률(bid rate)과 매도율(offered rate)을 동시에 고시한다. 매입률은 환율을 고시하는 측이 기준통화를 매입할 때 적용하는 환율이고, 매도율은 고시자가 기준통화를 매도할 때 쓰는 환율이다. 예를 들어, A은행이 1USD=1,047.6-1,048.0KRW이라고 고시했다면 A은행은 1,047.6KRW를 주고 1USD를 사고 1,048.0KRW에 1USD를 팔겠다는 뜻으로 고객의 입장에서는 반대로 1USD를 1,047.6KRW에 팔고 1,048.0KRW를 주고 1USD를 살 수 있다는 것을 말한다.

[표 2·1] 매입률과 매도율의 적용

	매입률(bid rate)	매도율(offered rate)
A은행	기준통화 매입/표시통화 매도	기준통화 매도/표시통화 매입
고객	기준통화 매도/표시통화 매입	기준통화 매입/표시통화 매도

외환시장에서는 매입률과 매도율의 차를 스프레드(spread)라고 하며 매입률이 매도율보다 항상 낮다. 위와 같이 환율을 고시하는 은행은 기준통화를 싸게 사서 팔 때는 비싸게 받는다. 그러므로 스프레드를 은행의 외화매매익으로 보기 쉬우나 이는 환율을 고시한 은행이 환위험을 부담하는데 대한 대가로 보아야 한다. 왜냐하면 고객은 여러 은행들이 고시한 환율을 비교한 후 자기가 원하는 환율을 골라서 매매할 수 있지만 환율을 고시한 은행은 그럴 수가 없기 때문이다.

1-3. 크로스레이트

앞에서 설명한 것처럼 환율은 미 달러화를 기준통화로 삼거나 표시통화로 사용하므로 결국 환율은 미 달러화에 대한 자국통화의 가치를 나타내는 것으로 볼 수 있다. 그렇지만 국제적인 상거래에서는 미 달러화 이외에 유로화나 일본 엔화 등 여러 가지 통화가 사용되므로 미 달러화가 아닌 다른 통화 간 환율도 필요하다. 시장에서는 이를 크로스레이트(cross rate)라고 한다.

가령, 1USD=1,000.5KRW이고 1USD=103.25JPY이라면 일본 엔화 1단위에 대한 원화의 환율은 9.6900(1,000.5/103.25)KRW이 되는데 단위가 작아 우리나라에서는 통상 100을 곱하여 100JPY=969.00 KRW라고 표기한다. 이는 단순한 개념상의 예로 환율은 매입률과 매도율을 함께 고시하므로 크로스레이트도 이들을 조합하여 산출한다.

예를 들어, 1USD=1,000.5－1,000.7KRW와 1USD=103.15－103.35 JPY 2개의 환율로 일본 엔화 100단위에 대한 원화환율을 구하고자 한다면, 환율의 제시자는 고객으로부터 USD=KRW의 매입률로 미 달러화를 사는 대신 원화를 주고, USD=JPY의 매도율로 미 달러화를 팔고 일본 엔화를 사면 미 달러화는 매입과 매도가 상쇄되고 원화의 매도와 일본 엔화의 매입만 남게 되어 1,000.5/103.35×100=970.14가 100JPY=KRW의 매도율이 된다. 그리고 반대방향의 1,000.7/

103.15×100=968.06은 매입률이 되므로 100JPY=968.06−970.14 KRW으로 고시하게 된다.

위의 예는 2개의 환율이 모두 미 달러화를 기준통화로 삼는 경우로 미 달러화를 표시통화로 사용하는 환율의 크로스레이트는 산출하는 방법이 다르다. 즉, 1USD=1,000.5−1,000.7KRW와 1EUR=1.5675−1.5695USD로 유로화 1단위에 대한 원화환율을 계산해 보면, 환율의 고시자는 고객으로부터 USD=KRW의 매입률로 1USD를 사는데 1,000.5KRW를 주고 EUR=USD의 매입률로 1EUR을 매입하는데 1.5675USD를 매도해야 하므로 EUR=KRW의 매입률은 1,000.5×1.5675=1,568.28KRW이 된다. 반대로 매도율은 1,000.7×1.5695

[표 2·2] 크로스레이트 산출방식

기준통화 : 미 달러화		
USD = KRW	매입률	매도율
USD = JPY	매입률	매도율
JPY = KRW	매도율/매입률	매입률/매도율

표시통화 : 미 달러화		
USD = KRW	매입률	매도율
EUR = USD	매입률	매도율
EUR = KRW	매입률 × 매입률	매도율 × 매도율

=1,570.59KRW이 되므로 1EUR=1,568.28-1,570.59KRW로 고시할 수 있게 된다.

2. 외환거래별 적용환율

수많은 외환거래 중에서 가장 기본적인 거래형태는 서로 다른 통화의 현금을 주고받는 것이다. 은행이 원화를 대가로 외국통화(지폐 및 주화)를 팔고 살 때 적용하는 환율을 현찰매매율이라고 한다. 은행이 외국통화를 매도하기 위해서는 필요한 외국통화를 해외에서 가져와야 하고 국내에서 매입한 외국통화가 과다하면 이를 다시 해외로 반출해야 하므로 그만큼 수송 및 보관에 따른 비용이 수반된다. 그러므로 현찰매매율은 그 비용을 고려하여 다른 환율보다 높게 책정된다.

외환거래에서 현금을 사용하는 것은 해외여행과 같은 일부 거래뿐이고 대부분 거래는 은행의 환거래계정을 통해 전신으로 결제가 이루어진다. 일반적으로 국내은행들은 외국통화별로 그 국가 소재지의 주요 은행에 환거래계정을 개설해 놓고 이를 통해 송금, 무역 및 금융거래와 관련된 지급과 추심을 할 수 있도록 서로 거래조건을 약정해 놓고 있다. 이러한 해외의 상대방 거래은행을 환거래은행(correspondent bank)이라고 부른다.

은행이 고객으로부터 해외에 외화송금을 의뢰받으면 송금에 상당하는 원화를 받고 외화를 매도함과 동시에 환거래계약을 맺고 있는 해외은행 앞으로 전신(T.T., telegraphic transfer)을 통해 지급을 지시한다. 이에 따라 송금을 요청한 금액만큼 그 은행의 환거래계정에서 인출되어 고객이 의뢰한 수취인에게 지급된다. 이때 적용하는 환율을 전신환매입률(T.T. buying rate)이라 하고 반대로 해외의 환거래은행으로부터 전신으로 이체되어온 송금환(외화)을 국내의 수취인으로부터 매입하고 원화를 지급할 때 적용하는 환율을 전신환매도율(T.T. selling rate)이라고 한다.

한편 무역과 관련된 환어음을 결제하는 환율은 전신환매매율에다 신용공여에 따른 금리를 가산해서 결정한다. 미국에 있는 은행이 발행한 일람출급신용장(At sight L/C)에 따라 발행한 수출환어음을 국내은행이 수출업자로부터 매입하는 경우 그 은행은 수출업자에게 즉시 그 대금을 지급하지만 수출환어음을 미국의 당해 은행에 우송하여 실제로 대금을 받는 데까지는 며칠이 더 걸린다.

그러므로 그 기간 동안 은행은 외화자금을 부담하게 되기 때문에 수출환어음을 매입할 때 그에 상당하는 금리를 전신환매입률에서 차감한다. 여기에다 기한부 수출환어음의 경우는 그 기간에 해당하는 금리를 더 차감해서 매입률을 고시하는데 이를 각각 일람출급수출환어음매입률(At sight buying rate)과 기한부수출환어음매입률(Usance buying rate)이라고 한다.

해외의 환거래은행으로부터 선적서류와 함께 접수한 환어음(수입어음)을 미리 해외의 수출업자에게 결제해주고 난 다음 나중에 국내의 수입업자로부터 그 대금을 받게 되는 수입어음에 대해서는 은행이 수출결제와 마찬가지로 표준추심일수에 해당하는 금리를 전신환매도율에 더해서 일람출급수입어음결제율(At sight selling rate)을 결정한다. 기한부수입어음은 여기에 그 기간의 금리를 가산해서 기한부수입어음결제율(Usance selling rate)을 결정하여 각각의 수입업자가 결제할 환율을 고시한다.

한편 최근에는 O/A(open account)방식의 수출입이 본・지사 간 거래를 중심으로 크게 늘어나고 있다. O/A방식에 의한 수출은 은행이 기업과 여신한도를 미리 약정해 놓고 그 한도 내에서 기업의 수출채권을 매입하고 대금을 원화로 지급한 후 일정기간이 지난 다음 수입업자로부터 대금을 받는 방식을 말한다. O/A방식 수입은 역으로 수입업자가 해외의 수출업자로부터 수입관련 서류를 우송받아 세관에서 수입면장을 받고 일정기간이 지난 후 수입대금을 은행에 지급하게 된다.

그러므로 O/A방식 수출입거래의 결제환율은 전신환매입률과 전신환매도율에 은행이 수출채권을 매입하고 수입업자가 지급하는 기간과 수입업자가 수입면장을 받고 대금을 결제하는 기간에 해당하는 금리를 각각 감안하여 결정하는데 일반적으로 일람출급매매율보다는 높고 기한부매매율보다는 낮다.

[그림 2·1] 외국환은행의 대고객 환율(예)

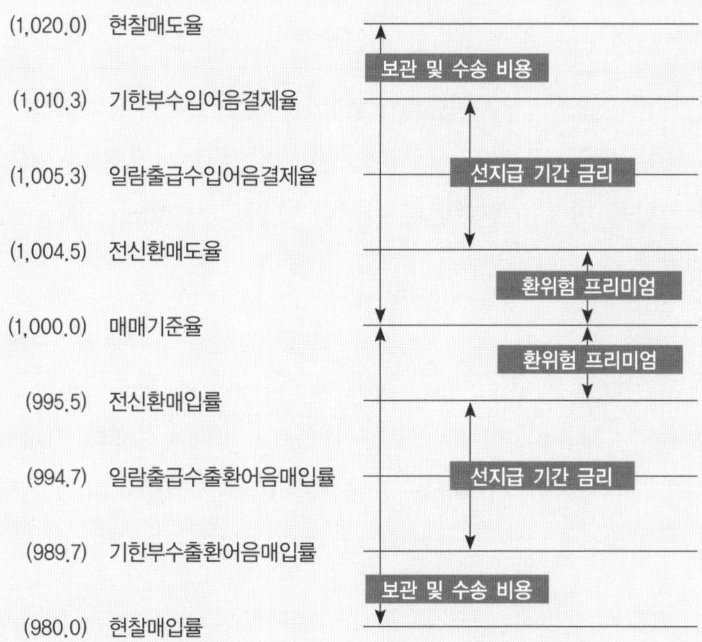

주: ( ) 안은 예시환율(USD/KRW)로 고객의 신용도에 따라 상이하며, 매매기준율은 은행간시장의 환율변동에 따라 수시 변경된다.

3. 환율의 변동요인

자유변동환율제도를 채택하고 있는 국가에서 환율은 기본적으로 외환의 수요와 공급에 의해 결정된다. 완전경쟁시장인 외환시장에서 수많은 시장참가자들이 만들어내는 외환의 수요와 공급은 기초경제여건의 변화는 물론 정치적·기술적 요인에 의해서도 변동된다.

그리고 환율은 설사 이론과 다르다 하더라도 시장참가자들의 주관적 판단에 따라 다수가 움직이는 방향으로 변동하게 마련이다. 그러므로 시장참가자 간에는 이러한 요인들에 대해 상황에 따라서는 상승요인인지 또는 하락요인인지 서로 다르게 해석할 수가 있고 오랜 기간에 걸쳐 영향을 미치는 변수인지 아니면 그 효과가 짧게 그치는 요인인지 구분하기가 쉽지 않다.

가령, 우리나라의 경상수지흑자가 증가한 것으로 발표되었다면 외환의 공급이 늘어나므로 당연히 원화환율의 하락요인으로 해석하겠지만 시장참가자들이 기대하는 만큼 흑자규모가 늘어나지 못하였다면 오히려 원화환율의 상승요인이 될 수도 있다.

또한 한국은행이 기준금리를 인상하였다면 원화자산의 수익률이 외화자산보다 높아져 해외로부터 투자자금이 유입될 것이므로 원화환율의 하락요인이 될 것이다. 그렇지만 금리인상은 다른 한편으로 투자를 위축시켜 경제성장을 제약하게 되므로 좀 더 길게 보는 쪽에 비중을 둔 시장참가자들은 원화환율의 상승요인으로 해석할 수도 있다.

이와 같이 환율의 변동요인을 상승과 하락, 단기와 장기의 요인으로 각각 분류하여 보는 것은 한계가 있지만 국내외 외환시장의 경험과 사례에 비추어 환율을 변동시키는 다양한 요인들을 일중 요인과 중·장기 요인으로 나누어 각각 살펴보고자 한다.[10)]

[그림 2·2] 환율의 변동요인

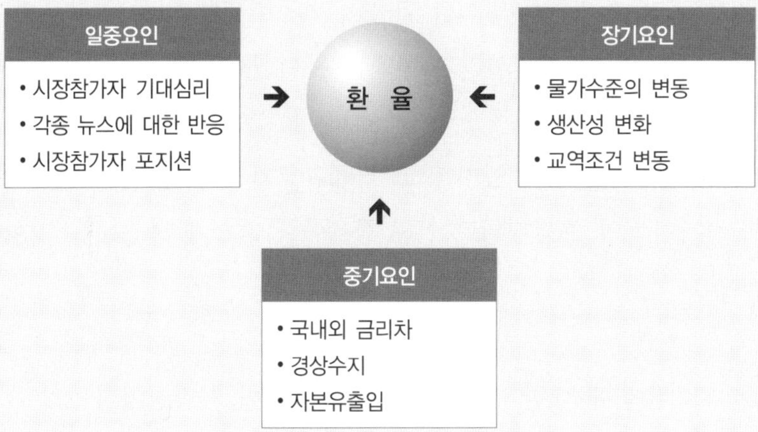

10) 환율에 대한 영향이 미치는 기간을 기준으로 6개월 미만을 중기(medium-run), 그 이상을 장기(long-run)로 각각 구분하였다[Deutsche Bank, 「Guide to Exchange Rate Determination」(2002.5), p. 10].

3-1. 일중(intraday) 요인

아주 짧게 보면 환율은 기초경제여건의 변화와 상관관계가 낮고 미리 예측할 수 없는 새로운 시장정보에 의해 무작위하게 변동(random walk)한다고 본다. 그러므로 일중에는 시장참가자들의 심리상태나 경제지표를 비롯한 각종 뉴스발표에 대한 반응, 그리고 그들의 외국환포지션(외화자산과 부채의 차로 제2절 4-1에서 설명) 변화가 환율변동의 주된 요인이 되고 있다.

앞으로 환율이 어떻게 변동할 것인가에 대한 시장참가자들의 기대심리는 경제에 대한 전망이나 환율의 변동추세에 의해 영향을 받아 형성된다. 이러한 기대심리의 변화는 자기실현(self-fulfilling)의 과정을 거쳐 환율을 더 큰 폭으로 변동시킨다. 특히, 국내시장이 세계시장과 밀접히 연결되어 있지 않고 거래규모가 크지 않은 나라에서는 시장참가자들의 쏠림행위로 인해 환율이 급격하게 변동하는 경향이 많다.

또한 시장위험에 대한 선호 또는 기피 성향이 시장참가자들의 기대심리에 큰 영향을 미친다. 지난 수년 동안 국제금융시장에서 성행하였던 엔 캐리트레이드(yen carry trade)가 위험선호성향의 대표적인 거래이다.

이러한 시장참가자들의 기대심리는 통화옵션의 리스크 리버설(risk reversal)의 변동을 측정해 보면 알 수 있다. 리스크 리버설은 콜옵션과 풋옵션의 가격에 내재된 변동성(volatility)의 차이를 말한다. 이론적으로 통화, 계약금액, 기간 및 행사확률이 모두 같은 콜옵션과 풋옵션의 가격은 서로 동일해야 하지만 시장에서는 어느 옵션에 대한 수요가 많고 적으냐에 따라 옵션가격에 반영된 변동성에서 차이가 난다. 즉, 환율의 하락이 예상되면 풋옵션이 콜옵션보다 선호되므로 리스크 리버설은 마이너스(−)가 되고 환율의 상승이 예상되면 콜옵션의 수요가 많아져 반대로 플러스(+)가 된다.

외환시장의 참가자들은 수많은 경제뉴스뿐만 아니라 정치적, 사회적 뉴스에도 민감하게 반응하므로 이에 따라 환율이 변동하게 된다. 시시각각으로 쏟아져 나오는 수많은 뉴스 중에서 환율에 영향을 주는 정보는 시장참가자들의 예상을 벗어난 정보이며 주요 경제지표의 발표나 외환시장의 당국자인 재무부장관과 중앙은행총재의 발언을 중시하게 된다. 나라마다 경제구조나 시장상황이 다르기 때문에 환율의 변동에 영향을 미치는 경제지표의 내용도 상이하다. 국내외 외환시장에서 주요 통화의 환율에 크게 영향을 미치는 경제지표들은 대체로 [표 2·3]과 같다.

또한 일중에 환율은 시장참가자들의 외국환포지션이 변동하는데 따라 민감하게 영향을 받는다. 외환시장의 대표적인 참가자인 은행들은 창구에서 기업 및 개인들과 매일 외환을 사고팔고 그 결과 남거나 부족한 외환을 다른 은행과 매매하여 조정하므로 이 과정에서 환율이 등락하게 된다.

[표 2·3] 환율변동관련 주요 경제지표

	미 국	유로지역	일 본	우리나라
경기	• GDP성장률(매분기) • 공급관리자협회지수(ISM)(매월) • Conference Board 및 미시간대 소비자 신뢰지수(매월) • 내구재주문(매월)	• 독일 및 프랑스의 GDP성장률(매분기) • 독일 IFO 서베이지수(매월)	• GDP성장률(매분기) • 단칸서베이지수(매월) • 소비자체감지수(매월)	• GDP성장률(매분기) • 산업생산지수(매월) • 소비자신뢰지수(매월)
고용	• 신규실업수당 청구자수(매주) • 비농업부분 신규취업자수(매월)	• 독일 및 프랑스의 실업률(매월)	• 실업률(매월)	• 고용동향(매월)
물가	• 소매물가지수(매월)	• Euroland HICP(매월)	• 소매물가지수(매월)	• 소비자물가지수(매월)
국제수지	• 경상수지(매분기)	• 독일의 경상수지(매분기)	• 경상수지(매월)	• 무역수지(매월) • 경상수지(매월)

주 : (　)안은 발표 주기를 표기한 것이다.

은행들은 고객과 선물환이나 통화옵션과 같은 파생외화상품을 거래한 후에는 제4장에서 설명하는 것처럼 현물환의 매매를 통해서 그 포지션을 커버하므로 결국 선물환포지션의 변동도 환율에 직접적으로 영향을 준다.

특히, 국내에 있는 은행들과 비거주자 간에 주로 이루어지고 있는 차액결제선물환(NDF, non-deliverable forward)거래는 세계외환시장을 통해 24시간 거래되고 있을 뿐만 아니라 그 규모도 매우 크다. 이러한 비거주자들과의 선물환포지션을 커버하기 위해 국내은행들은 현물환을 매매하는데 그 규모도 크고 거래의 방향이 수시 바뀌므로 원화환율의 변동에 중요한 요인으로 작용하고 있다.

한편 세계외환시장에서는 개별 은행들의 포지션 상태를 알 수 없으므로 이에 갈음해서 IMM(International Monetary Market of the Chicago Mercantile Exchange)과 같은 금융선물거래소에 상장된 통화선물의 투기적 포지션을 중요한 지표로 삼고 있다. 만약 금융선물거래소에서 일본 엔화선물의 순매도포지션(short position)이 늘어나고 있다면 일본 엔화환율의 하락을 예상하는 시장참가자가 많아지고 있음을 의미하는 것으로 해석한다.

3-2. 중기(medium-run) 요인

통화정책 및 재정정책과 같은 거시경제정책을 수행하는 과정에서 국내외의 금리차 및 자본유출입, 그리고 경상수지가 변동하는데 이는 좀 더 오랫동안 환율에 대해 영향력을 갖는다.

이론적으로는 개방경제에서 금리가 상승하면 그 나라의 환율이 하락하고 반대로 금리가 떨어지면 환율이 상승하는 것으로 알려져 있다. 이는 국내외 간 금리차가 확대되면 상대적으로 수익률이 높아진 고금리 통화표시채권에 대한 수요가 증가하여 자본의 유입이 늘어난다는 데 바탕을 두고 있다.

그러나 실제로는 환위험을 감수하면서까지 금리가 높은 채권에 투자하려는 수요가 많지 않으며 금리의 상승은 실물투자의 기대수익률을 하락시켜 오히려 자본을 유출시키는 요인이 되므로 금리상승에 의한 환율의 하락효과를 상쇄하기도 한다.

경험적으로 보면 외국인의 투자비중이 채권시장보다 주식시장이 더 큰 우리나라를 비롯한 신흥시장국의 경우 국내금리의 상승에 따른 국내외 금리차의 확대와 환율의 하락 간에 의미있는 상관관계가 잘 나타나지 않고 있는 것으로 알려져 있다. 그리고 선진국에서도 명목금리차보다는 실질금리차가, 단기금리차보다는 장기금리차의 변동이 환율에 더 큰 영향을 주는 것으로 보고 있다.

일반적으로 경상수지가 적자인 나라의 환율은 상승하고 흑자인 국가의 환율은 하락한다. 경상수지가 적자이면 상품 및 서비스 거래의 대외결제를 위한 외환의 수요가 공급보다 많고 경상수지가 흑자라면 외환의 공급이 수요를 초과하기 때문이다. 그리고 적자국가에서 흑자국가로 부(富)가 이전되어 적자국가의 자산에 대한 선호도가 약화될 뿐만 아니라 적자가 누적되면 외채가 늘어나서 대외지급능력이 떨어지므로 그 나라의 환율은 상승하게 마련이다.

그러나 이러한 가설이 성립하지 않는 경우도 있다. 예를 들어, 1995~2001년 중 미국은 경상수지적자가 기록적으로 확대되었음에도 불구하고 미 달러화는 꾸준한 절상추세를 나타냈었다. 이는 1997년 아시아 외환위기 및 1998년 러시아의 외채지불유예(moratorium) 선언으로 국제금융시장에서 안전자산을 선호하는 경향이 강해진데다 미국 경제의 호조로 신흥시장국과 유럽의 투자자금이 미국에 급격히 유입되어 경상수지적자를 충분히 보전하였던 데 기인한다. 그러므로 현재처럼 국가 간 자본이동이 자유로운 상황에서는 환율의 변동요인으로서 경상수지 이외에 자본의 유출입도 함께 보아야 한다.

경상수지와 자본유출입은 국제수지표(Balance of Payments)를 통해서 알 수 있다. 그러나 국제수지표에는 현지금융에 의한 해외직접투자와 같이 실제로 외화가 국내에서 유출되지 않는 거래가 포함되고, 수출대금을 외화예금에 예치한 후 이를 매도하거나 외환시장에서 자국통화를 대가로 외화를 매입하여 외화예금에 예치하는 국내에서의 외환거래는 계리되지 않기 때문에 국제수지와 외환시장의 수급은 정확하게 일치하지 않는다. 그럼에도 불구하고 상당기간에 걸쳐 보면 국제수지의 흐름과 환율 간에는 아주 밀접한 상관관계가 있다는 것이 시장의 통설이다.

3-3. 장기(long-run) 요인

긴 시각에서 보면 환율은 그 나라 경제의 대내외 균형수준으로 수렴해간다고 보지만 어떤 수준의 환율이 균형환율인지 또한 어떤 경로를 거쳐 가는지에 대해서는 경제학자들 간에도 견해가 일치하지 않는다. 다만 그 동안의 연구결과에 따르면 환율의 장기적인 변동추세를 비교적 잘 설명해 주는 변수로서 물가수준의 변동, 생산성 및 교역조건의 변화 등을 들고 있다.

우선 물가수준의 변동과 환율의 관계는 구매력평가에 의해 설명할 수 있다. 어느 한 나라의 재화 및 서비스에 대한 구매력(purchasing power)은 통화로 표시되는데 다른 나라보다 물가가 오르면 그 나라 통화의 구매력이 떨어지므로 통화의 상대가격인 환율은 그만큼 오르게 된다. 즉 통화가치는 하락하게 된다는 것이다.

이는 두 나라의 물가가 평가(平價)관계를 유지하고 있다는 것을 가정한 것으로 예를 들어, 1USD=1,000.0KRW이고 미국의 빅맥 햄버거 가격이 3.5USD라면 우리나라에서 그 가격은 3,500.0원이 되어야 한다는 것이다. 만약 우리나라의 햄버거 가격이 4,000.0원이라면 이때는 환율이 1USD=1,142.8KRW(4,000.0/3.5)으로 변동되든가 햄버거 가격이 500원 내려가야 한다는 것이다.

그러나 국가 간 재화를 교역하는 데에는 운송에 따른 거래비용이 들아가고 나라별로 관세와 같은 무역장벽도 있으며 서비스는 어느 곳에서 제공되느냐 또는 편리성의 정도에 따라 나라별로 가격의 차이가 나게 마련이다. 따라서 물가수준의 변동은 단기적인 요인으로서 설명력이 떨어지나 장기적으로는 환율의 변동과 유의한 상관관계를 갖는 것으로 알려져 있다.

1990년대 후반 미 달러화가 유로지역 통화나 일본 엔화에 대해 절상추세를 보인 요인으로 IT산업의 발전에 따른 생산성 향상을 들고 있다. 미국의 생산성이 다른 나라를 능가함에 따라 시장의 기대심리에 영향을 미쳐 미 달러화에 대한 수요를 증대시킴으로써 미 달러화가 주요국 통화에 대해 절상되었다는 것이다.

교역조건의 변화도 때로는 환율에 크게 영향을 미친다. 특히 호주, 뉴질랜드, 캐나다와 같이 1차 상품(commodity)의 수출이 GDP에서 차지하는 비중이 큰 나라들의 환율은 상품가격의 변동과 밀접한 관계를 갖고 있다. 만약 이들 나라의 수출단가가 수입단가보다 더 크게 상승하여 교역조건이 개선되면 결국 경상수지가 좋아지므로 이들 국가의 환율은 하락한다는 것이다.

참고 2 환율변동 관련용어의 구분

환율의 변동을 표현하는 용어로 절상·절하, 강세·약세 및 상승·하락을 사용하고 있는데 각각 의미가 다르다.

① 절상·절하

환율의 변동을 표현하는데 가장 많이 쓰이는 용어가 통화의 절상·절하이다. 원화가 절상(appreciation)되었다는 것은 외국통화에 대한 원화가치가 상승한 것이며 반대로 절하(depreciation)는 가치가 하락한 것을 의미한다. 예를 들어, 1USD=1,000.0KRW에서 1USD=900.0KRW으로 변동되었다면 1KRW=0.0010USD에서 1KRW=0.0011USD가 되어 원화가치가 올라간 것이며(절상) 1USD=1,100.0KRW이 되었다면 1KRW=0.0009USD로 원화가치가 떨어진 것(절하)을 말한다. 그러므로 원화의 절상·절하율은 [(기준시점 환율−변동 후 환율)/변동 후 환율]로 계산하며 부호가 '+'이면 절상을, '−'이면 절하를 나타낸다. 위의 예에서 원화의 절상률(+)은 11.1%, 절하율(−)은 9.1%가 된다.

또한 평가절상(revaluation)과 평가절하(devaluation)라는 용어도 함께 사용하고 있는데, 이는 고정환율제하에서 중심환율(par value of exchange)의 변경을 의미한다. 외환당국이 정책적으로 중심환율을 높이면 평가절하라고 말하고 이를 낮추면 평가절상이라고 표현한다. 그러므로 현재와 같은 변동환율제도하에서 통화의 절상과 절하를 평가절상과 평가절하라고 쓰는 것은 적절치 못한 표현이다.

② 강세 · 약세

어느 나라 통화가 강세(bullish, strong)를 보인다는 것은 그 통화의 가치가 다른 나라 통화보다 높아져 추세적으로 선호되는 것을 말하고, 약세(bearish, weak)를 나타낸다는 것은 그 나라의 통화가치가 다른 나라 통화보다 낮아서 선호도가 떨어지는 것을 의미한다. 이와 같이 통화의 강세, 약세는 시간적이고 상대적인 개념이지만 외환시장에서는 강세와 절상을, 약세와 절하를 거의 같은 의미로 사용하고 있다.

③ 상승 · 하락

환율의 상승 · 하락은 환율을 표시하는 명목수치가 커졌느냐 작아졌느냐를 표현하는 용어이다. 즉, 원화환율이 상승했다면 1USD=1,000.0KRW에서 1USD=1,100.0KRW으로 오른 것을 말한다. 반대로 1USD=900.0KRW으로 내려갔다면 이는 원화환율이 하락했다고 표현한다.

원화환율의 상승 · 하락률은 [(변동 후 환율−기준시점 환율)/기준시점 환율]로 계산하는데 부호가 '+'이면 상승을 '−'이면 하락을 나타낸다. 이는 기준통화의 변동률이므로 위의 예를 가지고 원화환율의 상승률(+)과 하락률(−)을 산출하면 모두 10.0%로 똑같게 계산된다. 그러므로 원화환율의 상승 · 하락률은 원화의 절상 · 절하율과 다르게 계산되기 때문에 유의해야 한다.

4. 환율의 변동이 경제에 미치는 영향

앞에서 살펴본 것처럼 환율은 시장참가자들의 기대심리, 국내외 금리차 등 시장을 둘러싸고 있는 여러 가지 요인들에 의해 등락하지만, 반대로 환율의 변동은 경상수지, 물가, 생산 등 국내의 거시경제활동에 영향을 미친다.

일반적으로 환율이 상승하면 수출상품의 가격을 인하할 수 있어 가격경쟁력이 높아지고 수출업체의 채산성을 향상시키므로 수출(물량)이 늘어나게 된다. 반면 수입상품은 그만큼 가격이 높아져 수입(물량)이 줄어들므로 수출입차가 확대되어 경상수지를 개선한다. 다만 우리나라는 수출상품의 품질경쟁력이 매우 높아지고 가격탄력성이 낮아졌기 때문에 원화환율의 상승이 수출을 증대시키는 효과가 크게 약화되고 있는 실정이다.

아울러 환율의 상승은 수입상품의 가격을 상승시키는 데다 해외로부터 원자재 및 부품을 수입하여 생산하는 상품의 제조원가를 올라가게 하는 요인이 되므로 물가상승이라는 부정적인 효과를 초래한다. 특히 우리나라의 제조업은 원유, 비철금속 등 수입원자재에 대한 의존도가 높기 때문에 원화환율의 상승이 물가에 미치는 영향은 매우 큰 편이다.

이와 같이 환율의 상승은 물가를 상승시켜 거시경제적으로 민간소비 및 총투자를 위축시키지만 수출을 증대시키므로 생산(GDP)을 늘리는 요인으로 작용한다. 반대로 환율이 하락하면 수출이 둔화되고 수입은 늘어나 경상수지가 악화되나 물가는 하락하게 된다. 이처럼 환율의 변동이 경제에 미치는 영향은 크기에는 차이가 있으나 긍정적인 효과와 부정적인 효과가 함께 나타난다고 볼 수 있다.

[표 2·4] 환율변동의 경제적 효과

	수출입차 (경상수지)			물가	생산 (GDP)
		수출	수입		
환율상승	+	+	−	+	+
환율하락	−	−	+	−	−

주: '+'는 긍정적 효과를, '−'는 부정적 효과를 가리킨다.

참고 3 환율결정이론 개요

전통적인 환율결정이론은 외환의 수요와 공급(국제수지)에 의하여 환율이 결정되며 국제수지는 수출·입상품의 상대가격이나 총생산과 총지출의 변동에 의해 영향을 받는다는 플로우(flow)분석법에 근거하고 있다. 이와 달리 최근의 이론들은 국가 간 자본의 완전한 이동을 전제로 하여 통화나 채권과 같은 금융자산의 스톡(stock)이 변동함에 따라 환율이 결정된다는 데 초점을 두고 있다.

① 통화적 접근법(monetary approach)

상품시장의 가격이 신축적이어서 구매력평가관계가 성립하고 통화가 국내외 간 완전한 대체성을 갖는다는 것을 전제로 하는 신축적 통화모형에서 환율은 양국 간에 통화공급 및 금리의 격차가 확대되면 상승(통화가치 하락)하고, 실질소득의 격차가 커지면 하락(통화가치 상승)한다고 본다.

(1) $m^s = m^d = m = p + b_1 y - b_2 i$ (통화함수)

(2) $p = m - b_1 y + b_2 i$ (물가함수)

(3) $e_s = (p_f - p_{us})$ (구매력평가)

(4) $e_s = (m_f - m_{us}) - b_1(y_f - y_{us}) + b_2(i_f - i_{us})$(신축적 통화모형)

한편 상품시장의 가격이 경직적이어서 구매력평가관계가 단기에는 성립하지 않고 장기적으로만 유효하다는 것을 전제로 하는 경직적 통화모형에서는 양국 간에 통화공급차가 확대되면 환율이 상승하나 실질소득차와 금리차가 커지면 환율이 하락한다고 본다. 이 모형은 단기적으로 통화량의 증가는 국내금리의 하락을 초래하여 자본의 유출을 촉진하기 때문에 환율이 균형수준보다 더 크게 상승한다는 오버슈팅(over-shooting)현상을 잘 설명해주고 있다.

$$(5)\ e_s = (m_f - m_{us}) - b_1(y_{f-}y_{us}) - (\frac{1}{\theta})(i_f - i_{us})$$

[e_s: 명목환율, $m_f - m_{us}$: 통화공급차, $y_f - y_{us}$: 실질소득차, $i_f - i_{us}$: 국내외금리차, $b_1, b_2 > 0$, θ: 장기환율에 접근하는 조정속도]

② 자산균형 접근법(portfolio balance approach)

자산균형 접근법은 국내외 금융자산 간에 불완전한 대체관계를 갖고 있어 리스크 프리미엄이 존재한다는 것을 전제로 하고 있다. 이 모형에서 환율은 위험회피성향을 가진 투자자가 국내외 자산 간에 포트폴리오를 변경하게 되면 리스크 프리미엄이 달라져 변동한다. 그리고 국내외 자산 간 포트폴리오는 재정수지나 국제수지에 의해 영향을 받는다. 즉 재정적자 또는 대외부채의 증가로 국내 및 해외 채권에 대한 수요가 증가하면 리스크 프리미엄이 높아져 환율은 상승(통화가치 절하)한다는 것이다.

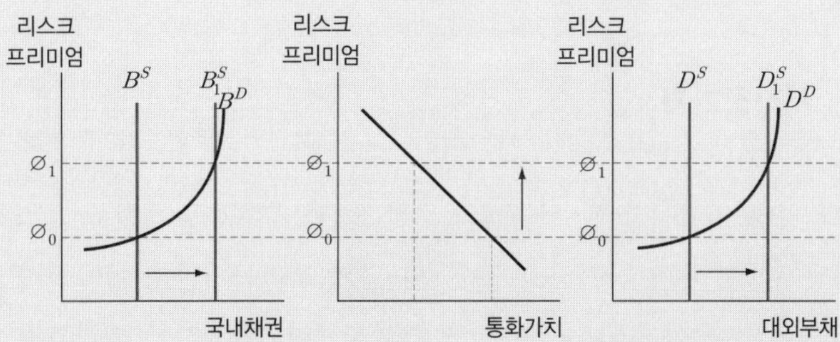

제2절 외환시장의 하부구조

외환시장(foreign exchange market)은 가격변수인 환율을 매개로 서로 다른 통화 간 매매가 이루어지는 무형의 거래메커니즘을 말한다. 또한 외환시장이라고 하면 은행들이 창구에서 기업과 개인을 상대로 외환을 사고파는 대고객시장을 포함하기도 하지만, 일반적으로는 은행 간에 외환을 매매하는 은행간시장(inter-bank market)을 가리킨다. 외환시장에서는 다양한 외환상품이 거래되며 미 달러화를 기준으로 여러 나라 통화가 매매되지만 가장 중심이 되는 거래는 기축통화인 미 달러화 대 자국통화 간 현물환거래로 이에 따라 환율이 결정되고 변동한다.

1. 시장참가자

우리나라 외환시장에는 외국환업무취급기관, 외국환중개회사 및 외환당국 3개 주체가 참가하고 있다. 외국환업무취급기관은 이미 설명한 것처럼 「외국환거래법」(제8조) 및 「동 시행령」(제13조)에 의거하여 기획재정부장관에게 등록한 금융기관으로 모든 외국환업무를 취급할 수 있는 외국환은행이 외환시장에서 중추적인 역할을 수행하고 있다.

외국환은행 이외에 증권회사, 보험회사 등과 같은 외국환업무취급기관들도 외환시장에 참여할 수 있다 그러나 이들 기관은 대고객 외환거래가 많지 않고 외환시장에 참여하기 위해서는 전문인력을 확보해야 할 뿐만 아니라 외환거래와 관련된 전산시스템 등 설비를 갖추어야 하므로 외환시장에 참여하는 기관의 수는 많지 않다. 2009년 9월 말 현재 우리나라 외환시장에 참여하는 외국환업무취급기관의 수는 57개로 이 중 외국환은행이 53개(국내은행 18개, 외은지점 33개, 종금사 2개)이고 증권회사가 4개이다.

외국환중개회사는 「외국환거래법」(제9조) 및 「동 시행령」(제18조)에 의거 기획재정부장관으로부터 인가를 받은 기관으로 2009년 9월 말 현재 8개 회사가 영업 중이다. 이들은 인가를 받은 업무범위에 따라 은행간시장의 외환거래를 전부 중개할 수 있는 회사와 현물환거래를 제외한 다른 외환거래만 중개할 수 있는 회사로 나누어지며 자기계정의 거래는 원칙적으로 허용하지 않고 있다.

외환당국은 중앙은행인 한국은행과 기획재정부(외국환평형기금)를 말한다. 기획재정부의 외국환평형기금은 「예산거래법」(제7조) 및 「외국환거래법」(제3장)에 근거하여 외환시장의 안정을 목적으로 설치된 재정기금이다.

[그림 2·3] 우리나라 외환시장의 구조

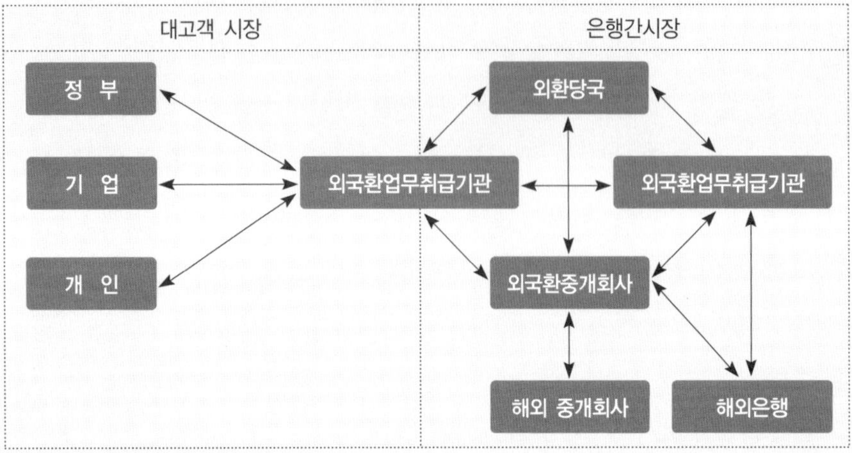

2. 거래방법

우리나라 외환시장에서 거래되는 통화는 세계외환시장의 중심통화인 미 달러화(USD)와 우리나라 통화인 원화(KRW)이다. 그리고 현물환, 선물환 및 외환스왑과 같은 전통적인 외환거래뿐만 아니라 통화스왑, 통화옵션 등 다양한 파생외화상품도 활발히 거래되고 있다.

이러한 외환거래는 시장참가자들끼리 직접 로이터의 딜링머신을 통해 거래할 수도 있으나 대부분 외국환중개회사의 중개를 통해서 거래가 이루어진다. 외국환중개회사는 시장참가자로부터 거래주문(order)

을 전화나 전자중개시스템(electronic broking system)을 통해 받는다. 전자중개시스템은 시장참가자가 전용단말기를 이용해 매매주문을 입력하면 외국환중개회사의 전산망을 통해 거래가 자동체결되는 방식으로 대부분 시장참가자들이 이를 이용하고 있다.

외국환중개회사를 통한 외환거래는 [표 2·5]와 같이 「서울외환시장운영협의회」가 거래조건을 표준화하여 거래의 편의와 시장의 효율성을 도모하고 있다. 외국환중개회사는 접수된 주문 중에서 최고 매입환율(best bid rate)과 최저 매도환율(best offered rate)을 시장참가자의 컴퓨터 화면에 제공하며 주문대로 거래가 체결되면 주문을 한 시장참가자에게 그 사실을 통보한다. 외국환중개회사로부터 거래의 체결을 통보받은 시장참가자는 서로 거래상대방에게 거래의 성립을 확인함으로써 최종적으로 거래가 체결된다.

[표 2·5] 은행 간 외환거래 조건

구 분	거 래 조 건
대상거래	현물환, 선물환, 외환스왑
거래단위	100만 달러 이상 50만 달러 단위
호가	1달러에 대한 원화 가격(10전 단위)
거래 주문 및 체결	전화나 단말기를 통해 주문하며 중개회사의 전산망을 통해 거래가 체결
거래시간	9:00 ~ 15:00

주: 파생외화상품거래는 표준화된 거래조건이 없다.

한편 외국환중개회사는 거래가 체결되면 거래당사자들로부터 중개수수료를 받아 수익의 원천으로 삼는다. 현재 중개수수료의 수준에 대한 제한은 없으나 외국환중개회사가 중개수수료를 결정하거나 변경할 경우 한국은행에 통보하도록 되어 있다(「외국환거래업무취급세칙」 제4-4조). 최근 외국환거래의 중개수수료 수준은 [표 2·6]과 같다.

[표 2·6] 외환중개 수수료(예)

거 래 별	기 간	수수료(원/백만 달러)
현물환	–	4,000
선물환 및 외환스왑	1주일 이내	4,000
	1개월 이내	10,000
	1개월 이상 1년 이내	15,000
	1년 이상	30,000
차액결제선물환	1개월 이내	10,000
	1개월 이상	20,000
파생외화상품		명목금액 × 0.25% × 기간 × 현물환율

3. 결제방법

은행 간에 체결된 외환거래는 약정한 날짜에 서로 다른 통화의 대금을 주고받음으로써 결제가 이루어진다. 미 달러화 대금의 결제는 해외의 환거래은행(correspondent bank)을 통하는 방식과 CLS(Continuous Linked Settlement)시스템을 이용하는 방식이 있다.

환거래방식에서 원화는 [그림 2·4]에서 보는 바와 같이 한은전산망(BOK-Wire)을 통해 한국은행에 개설된 시장참가자들의 원화당좌예금에서 대기(貸記) 또는 차기(借記)하는 방식으로 결제된다. 그리고 미

[그림 2·4] 환거래은행을 통한 외환결제 메커니즘

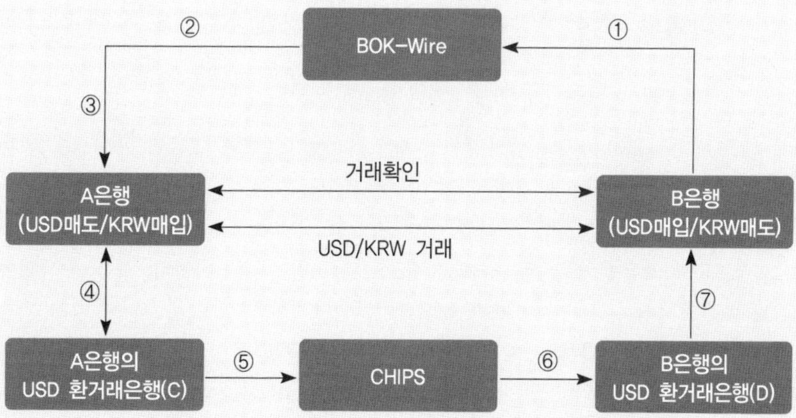

① B은행의 KRW계정에서 차기(debit)하도록 BOK-Wire에 자금이체를 지시
② A은행의 KRW계정에 대기(credit)
③, ⑦ 입금통지
④ 지급지시
⑤ A은행의 USD계정에서 차기(debit)하도록 CHIPS에 자금이체를 지시
⑥ B은행의 USD계정에 대기(credit)

달러화는 각 은행들이 뉴욕소재 환거래은행에 개설한 미 달러화계정에서 CHIPS(Clearing House Inter-bank Payments System)를 통해 대금을 주고받는다. 이 방식은 우리나라와 미국 은행 간 영업시간대에 시차가 존재하기 때문에 결제가 실패할 위험을 안고 있다.[11)]

이러한 결제실패의 위험을 방지하기 위해 세계적으로 외환거래를 동시에 결제하는 시스템을 구축하였는데 이것이 CLS외환동시결제시스템이다. CLS외환동시결제는 거래은행의 지급지시에 따라 CLS은행[12)]에 개설된 결제회원은행의 계정 간에 결제가 이루어지는 장부상의 결제와 통화별로 각국 중앙은행에 개설된 당좌예금계정을 통해 자금의

---

11) 1974년 6월 26일 독일 금융감독당국은 Herstatt은행에 대하여 파산결정을 내렸는데 이 은행과 외환거래를 한 미국 은행들은 독일 환거래은행을 통하여 Herstatt은행에 독일 마르크화를 이미 지급한 상태였고 그에 상응하는 미 달러화는 Herstatt은행의 뉴욕 환거래은행으로부터 받을 예정이었다. 그러나 독일에서 파산결정이 난 바로 그 시간 뉴욕에서 미 달러화 지급도 중지됨에 따라 거래은행들은 미 달러화를 받지 못하게 되어 큰 손실을 입었다. 그 후 영업시간대 차이에 따른 외환결제의 불이행위험을 'Herstatt Risk'라고 부르게 되었으며 이후에도 Drexel Burnham Lambert(1990), BCCI(1991), Baring Brothers(1995) 등의 사태와 같이 외환결제의 불이행으로 거래기관들에게 큰 피해를 입힌 사례가 속속 발생한 바 있다.

12) CLS은행은 세계 외환거래를 동시에 결제하는 것을 목적으로 상업은행들이 1999년 11월 1일 미 연준의 승인을 얻어 뉴욕에 설립한 외환결제 전문은행이다. CLS결제의 회원은행은 주주로서 일정한 요건을 충족해야 자격이 주어지며 다른 은행들은 이들 회원은행을 통해서만 CLS결제시스템을 이용할 수가 있다.

지급과 수취가 연속해서, 정해진 공통시간대에, 그리고 동시에 결제되는 것을 말한다.

우리나라에서는 금융결제원을 중심으로 CLS은행, 국내의 결제회원은행 및 이용은행을 연결하는 CLS공동망을 구축하여 외환동시결제가 이루어지도록 하고 있는데 구체적인 과정은 [그림 2·5]와 같다.

[그림 2·5] CLS시스템을 통한 외환결제 메커니즘

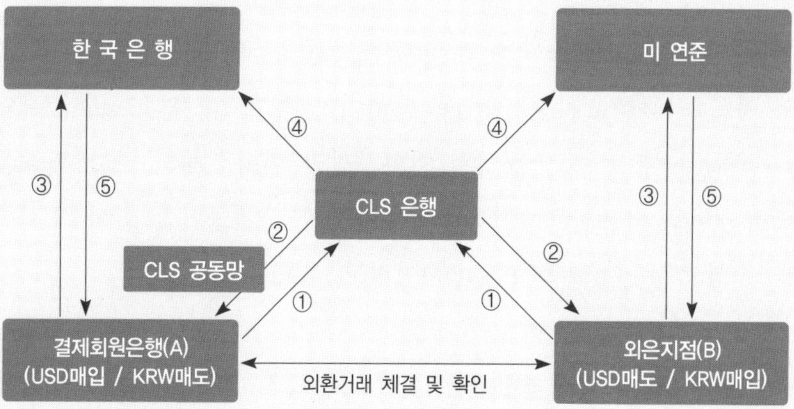

① 거래내역 통보(B은행은 결제회원은행인 본점 경유)
② CLS은행은 다자간 차액정산 후 자금 납입(pay-in) 요청
③ A은행 및 B은행은 매도통화 자금 납입
④ CLS은행은 한국은행 및 미 연준에 A은행 및 B은행의 매입통화 지급(pay-out) 요청
⑤ 한국은행 및 미 연준은 A은행 및 B은행에 매도통화 지급

4. 감독 및 규율

4-1. 외국환포지션 관리

외국환포지션은 어느 한 시점에서 외화자산과 외화부채의 차를 말한다. 외화자산이 외화부채보다 큰 상태를 매입초과포지션(over-bought position, long position)이라 하고, 그 반대의 경우를 매도초과포지션(over-sold position, short position)이라고 하며, 외화자산과 외화부채가 서로 균형을 이루면 스퀘어포지션(square position)이라고 말한다.

그리고 대차대조표(B/S)의 각 계정에 계리된 외화자산과 외화부채의 차를 현물환포지션(spot position)이라 하고, 대차대조표의 난외(off-balance)에 각주로 표기된 외화자산과 외화부채의 차를 선물환포지션(forward position)이라 하며, 현물환과 선물환을 합한 포지션을 종합포지션(over-all position)이라고 부른다.

시장참가자가 외국환포지션을 균형으로 유지하지 못하면 환위험에 노출되고 환율 및 통화량에도 영향을 미친다. 예를 들어, A은행의 외국환포지션이 매입초과(O/B)인데 미 달러화에 대한 원화환율이 올랐다면 원화로 환산한 A은행의 자산가치가 부채를 초과해 평가익이 나고 반대로 환율이 하락하면 평가손이 발생한다.

만약 외환시장에 참가하고 있는 모든 은행의 외국환포지션(현물환)이 매입초과라면 그만큼 외환의 매입이 매도를 초과해 미 달러화에 대한 원화환율의 상승요인으로 작용하며, 동시에 은행들의 원화자산(통화량)이 감소한 것을 의미한다. 반대로 매도초과인 경우에는 환율 하락 및 통화량 증가를 초래한다.

이와 같이 은행들의 외국환포지션 변동은 환율과 통화량뿐만 아니라 은행의 자산건전성에도 영향을 미치므로 대부분 국가에서 외환당국이 그 한도를 설정하여 관리하고 있으며 은행들도 일부 트레이딩포지션을 제외하고는 외국환포지션이 균형을 이루는 것을 영업의 기준으로 삼고 있다.

우리나라에서는 매 영업일 잔액을 기준으로 종합포지션의 한도를 설정하여 관리하고 있으며 그 한도는 전월말 자기자본의 50%로 규정하고 있다. 다만 외국은행 국내지점이 자본금 및 이월이익잉여금의 환위험을 헤지하기 위해 매입한 선물환 등은 포지션 한도에서 예외로 인정하고 있다(「외국환거래규정」 제2-9조 및 「외국환거래업무취급세칙」 제2장 제1절).

외국환포지션은 국제결제은행(BIS)이 권고한 간편계산방식에 따라 통화별 매입초과포지션과 매도초과포지션의 합계를 미 달러화로 환산하여 각각 포지션을 산정한 후 그 중에서 큰 쪽을 그 은행의 외국환포지션으로 간주하여 한도의 위반 여부를 판별하고 있다.

현재 외국환포지션 관리업무는 한국은행과 금융위원회로 이원화되어 있다. 한국은행은 한도의 설정 및 예외인정, 보고서 징구 등의 업무를 수행하고 있으며 한도 위반에 대한 제재는 금융위원회의 소관 업무로 하고 있다.

4-2. 서울외환시장운영협의회 운영

런던, 뉴욕, 동경 등 세계 주요국 외환시장처럼 우리나라도 외환시장 참가자들이 자율기구를 통해 스스로 시장의 거래관행을 개선하고 질서를 지켜나가도록 하고 있다.

우리나라에서는 1989년 12월 「서울외환시장운영협의회」가 발족되었으며 그 아래 시장관행개선 전문위원회와 시장감시 및 분쟁조정 전문위원회가 설치되어 있다. 또한 동 협의회는 2001년 12월 「서울외환시장행동규범」(Code of Conduct)을 제정하여 시장참가자들로 하여금 이를 준수하도록 규율하고 있다.

제3절 외환시장 개입과 외환보유액

1. 외환시장 개입

외환당국이 외환시장에서 자국통화를 대가로 외환을 매입하거나 매도하여 환율 수준을 의도적으로 변동시키기는 것을 외환시장개입이라고 말한다. 외환당국이 몇몇 시장참가자 또는 외국환중개회사를 대리인으로 지정해 놓고 환율의 상승을 의도하는 경우에는 이들을 통해 외환을 매입하고 환율의 하락을 목적으로 할 때는 외환을 매도한다. 이때에 통화량은 반대방향으로 증감한다.

외환당국이 외환시장에 개입할 때 시중의 통화량이 변동되지 않도록 공개시장조작도 함께 실시하는 것을 불태화개입(sterilized intervention)이라 하고, 별도의 조치를 취하지 않고 통화량의 증감을 그대로 수용하는 방식을 태화개입(non-sterilized intervention)이라고 한다. 이러한 외환시장개입은 외환의 수요와 공급을 직접 조절할 뿐만 아니라 시장참가자들의 기대를 변화시켜 환율에 영향을 미치게 된다.

즉, 태화개입(매입)을 하면 통화량도 함께 증가해 금리가 하락하므로 국내 자산의 수익률이 떨어져 환율을 상승시키며(monetary channel),

불태화개입(매입) 시에는 양이 줄어든 외화자산보다 늘어난 국내자산의 리스크 프리미엄이 상대적으로 높아지게 되어 환율을 상승시키는 요인이 된다(portfolio balance channel). 그리고 이러한 매입(개입)은 동시에 환율의 상승방향으로 시장참가자들의 기대가 변화되도록 신호를 준다는 것이다. 그 동안의 여러 경험과 수많은 연구결과에 따르면 대체로 환율에 대한 시장개입의 효과는 그 규모가 외환시장의 거래량에 비해 상당히 크고 또한 지속적으로 이루어져야만 유의한 것으로 보고 있다.

우리나라에서 외환시장개입의 주체는 한국은행과 기획재정부(외국환평형기금)이다. 시장개입에 필요한 원화재원은 각각 본원통화와 외환시장안정용국고채 발행자금이고 외화재원은 양 기관이 보유하고 있는 외화자산이다. 다만 외국환평형기금은 해외에서 채권(외화외평채)을 발행하여 필요한 외화자금을 일부 조달하기도 한다.

한편 우리나라의 외환시장개입은 일시적인 시장의 수급불균형이나 시장참가자들의 일방적인 기대심리로 인해 환율이 급변동할 때와 중장기적으로 환율이 기초경제여건과 크게 괴리(misalignment)되어 변동할 때에 이를 완화하는 데 주목적을 두고 있다.[13)]

13) 물가안정목표제(inflation targetting)를 도입하여 통화정책을 운용하는 경우 환율은 정책목표가 아니라 물가에 영향을 미치는 여러 정보변수(information variables) 중의 하나로 간주되고 있다.

참고 4 외국환평형기금의 설치목적

우리나라의 외국환평형기금은 외환시장의 안정을 목적으로 「외국환거래법」(제3장) 및 「예산회계법」(제7조)에 근거하여 정부가 설치한 기금이다. 이러한 기금은 미국(Exchange Stabilization Fund), 영국(Exchange Equalization), 일본(外國爲替資金特別會計) 등과 같은 선진국들도 보유하고 있다. 이들은 과거 브레튼우즈체제의 고정환율제하에서 미 달러화에 대한 자국통화의 환율을 일정범위 내에서 유지하기 위해 중앙은행이 정부를 대신해서 외환시장에 개입할 때 사용하도록 재정으로 재원을 마련한데서 비롯되었다.

정부가 외환시장개입의 재원을 별도로 조성한 것은 중앙은행이 외환시장에 개입할 때는 본원통화의 증감을 수반하나 동 기금을 사용하면 재정이므로 통화량에 중립적이어서 불태화시장개입에 따른 중앙은행의 통화관리 부담을 덜어줄 수 있다는 데 바탕을 두고 있다.

예를 들어, 한국은행이 외환시장에서 외환을 매입하고 증발되는 통화량을 흡수하기 위해 통화안정증권을 발행하면 통화안정증권의 이자(비용)를 지급해야 한다. 그러나 세입이나 국고채 발행(통화흡수)을 통해 조달한 외국환평형기금으로 태화개입(매입)을 하면 비록 상호간에 시차는 존재하지만 세출 또는 통화공급과 상쇄되어 통화량이 변동하지 않게 된다.

이러한 이유로 우리나라에서는 1980년대 후반 경상수지흑자가 지속되어 한국은행의 해외부문 통화관리부담이 늘어나자 이를 덜어주기 위해 외국환평형기금을 활용하기 시작하였고, 그 후부터 규모가 크게 확대되었다. 외국환평형기금의 자산(부채)이 1990년 말에는 3조 1,093억 원(3조 1,265억 원)이었던 것이 2008년 말에는 86조 1,824억 원(96조 68억 원)으로 급증하였다.

한편 외국환평형기금의 조달은 주로 원화 및 외화 채권발행에 의존하고 있으며 그 자금은 외환매매, 한국은행 및 외국환은행 예치, 대여 등으로 운용하고 있다(「외국환거래법」 제15조).

2. 외환보유액

국제통화기금(IMF)은 외환보유액(international reserves)을 유동성 내지 시장성이 큰 자산(liquid or marketable assets)으로서 외환당국이 관리하고 있어(controlled by monetary authority) 언제든지 사용할 수 있는 해외의 외화금융자산(external assets)으로 정의하고 있다[「International Reserves and Foreign Currency Liquidity Guidelines」(2001.9)].

이러한 정의에 비추어볼 때 외환당국이 보유하고 있는 외화자산이라 하더라도 국제적으로 널리 통용되는 선진국 이외 국가의 통화표시자산, 투자부적격등급 채권 및 사모주식, 해외부동산, 국내은행에 대한 외화대출과 같은 외화자산은 외환보유액의 범위를 벗어나는 것으로 해석되고 있다.

외환보유액은 외환당국이 외환시장을 안정시키고 국제수지적자를 보전하는 데 사용하는 것이므로 국가의 대외지급준비자산을 의미한다. 만약 어느 한 국가가 외환보유액을 많이 갖고 있다면 이는 그 나라의 신용위험을 낮추는 중요한 요인이 되지만 외환보유액을 확보하기 위해서는 그만큼 비용이 들게 된다. 왜냐하면 외환보유액은 외환당국이 자국통화를 대가로 매입한 외환과 그 외환을 운용한 수익이 주된 원천이기 때문이다.

그러므로 외환보유액의 적정 수준에 대한 논란이 그치지 않고 있는데 이에 대한 국제적인 기준은 없으며 대체로 각국이 경제의 해외의존도, 자본자유화 수준, 자국통화의 국제통용력 등을 감안하여 스스로 결정할 수밖에 없다는 것이 일반적인 견해이다.

우리나라의 외환보유액은 외환당국인 한국은행과 기획재정부(외국환평형기금)가 해외에 보유하고 있는 외화자산(유가증권 및 예치금)과 금을 비롯해서 IMF로부터 언제든지 교환성 통화로 인출할 수 있는 IMF 포지션 및 우리나라가 보유한 IMF의 SDR(특별인출권)로 구성된다. 예를 들어, 2009년 9월 말 외환보유액 2,622.2억 달러는 유가증권 2,157.2억 달러, 예치금 336.9억 달러, IMF 포지션 9.9억 달러, SDR 37.7억 달러, 금 0.8억 달러로 각각 구성되어 있다.

한국은행은 외환보유액을 국제금융시장에서 유가증권과 예치금으로 운용하고 있는데 그 성격에 맞게 유동성과 안전성에 중점을 두고 운용하고 있으며 아울러 이 원칙을 저해하지 않는 범위 내에서 수익성도 추구하고 있다.[14] 국내외로 외화자금이 유출입하고 그에 따른 우리나라의 외환시장개입과 외환보유액의 증감경로는 대략 [그림 2·6]과 같다.

실제로 우리나라에서 국내외로 외화자금이 유출입하고 그에 따라 외환시장개입이 이루어지며 이를 통해 외환보유액이 증감하는 경로는 대략 [그림 2·6]과 같이 설명할 수 있다.

14) 일반적으로 유동성(liquidity)이란 얼마만큼 쉽게 자산을 현금화하여 사용할 수 있는가 하는 정도를 의미하고, 안전성(safety)은 원본손실(capital loss)을 볼 수 있는 자산의 신용수준을 말한다. 그리고 수익성(profitability)은 자산이 지닌 위험에 대한 대가를 의미한다. 그러나 이들은 서로 상충관계(trade off)에 있기 때문에 이를 어떻게 조화시키느냐 하는 것이 외환보유액을 운용하는 데 있어서 가장 중요한 과제이다.

[그림 2·6] 외환시장개입과 외환보유액의 흐름도

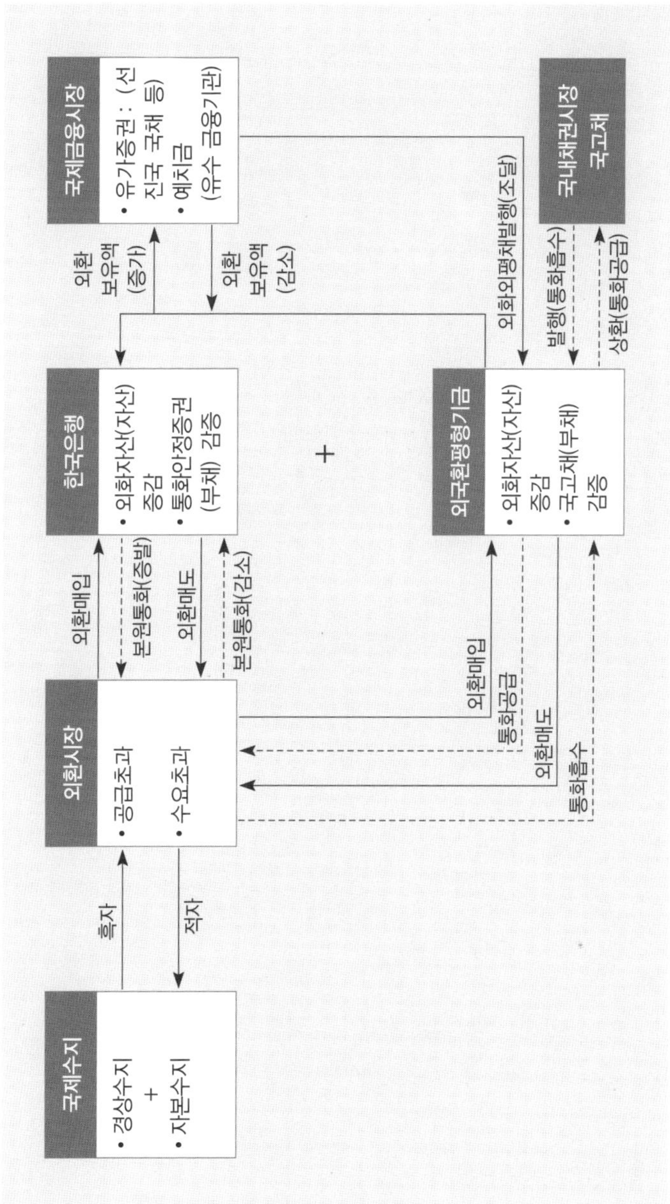

제 3 장

외화파생상품

우리나라에서도 대외거래 규모가 크게 늘어나고 환율의 변동폭이 확대됨에 따라 선물환, 통화선물, 통화옵션 및 통화스왑과 같이 외국통화를 기초자산으로 하여 그 가격의 변동, 즉 환율의 미래가치를 매매하는 외화파생상품들이 다양하게 개발되어 활발히 거래되고 있다.

외환시장에서는 이와 같은 상품 중에서 선물환은 전통적인 외환매매 방식의 하나로 보고 있고 나머지 기법들을 외화파생상품으로 분류하는 경우가 많다. 그러나 우리나라의 「외국환거래법」과 「자본시장과 금융투자업에 관한 법률」에서는 선물환도 외화파생상품의 범주에 속하는 것으로 규정하고 있다.

이 장에서는 우리나라의 법규체계에 따라 선물환을 포함한 외화파생상품의 기본구조와 이용방법에 대해 알아본다. 특히, 외화파생상품의 시발점이 되는 선물환에 대해서는 좀 더 상세하게 기본원리를 다룰 것이다. 그리고 각 상품들을 비교하여 그 상품이 지니고 있는 특성이 무엇인지 설명할 것이다.

한편 은행들은 고객과 외화파생상품거래를 하면 그 포지션을 외화 및 원화 금융시장의 금융거래를 통해 커버하므로 국내외 금융시장이 서로 밀접히 연결된다. 이 과정에서 환율과 금리에 영향을 미치게 되는데 그 경로에 대해서도 살펴보게 될 것이다.

제1절 선물환

1. 기초 개념

외환시장에서는 외국통화를 매매하기로 계약한 날로부터 2영업일이 지난 후에 서로 약정한 통화를 주고받는 거래를 선물환(forward)이라 하고 2영업일을 포함하여 그 전에 결제가 이루어지는 거래를 현물환(spot)이라고 한다.

오늘 고시된 환율(현물)로 외국통화를 매매하더라도 실제로 해당 통화의 인수도(delivery)는 2영업일이 되는 날에 이루어지는 것이 시장의 관행이다. 이러한 관행은 앞장에서 설명한 것처럼 통화별로 거래되는 금융시장 간에 시간대의 차이가 있어 계약을 맺은 날에 전문을 보내고 거래의 상대방에게 자금이체를 신청하였는지 확인한 다음 실제로 현물의 인수도가 이루어지는 데까지 보통 2영업일이 소요되므로 이 기간을 감안한 것이다.

선물환은 매입과 매도 중에서 어느 한쪽만 거래가 일어나는 일방향의 선물환(outright forward)과 외환스왑의 일부로서 거래가 이루어지는 선물환(swap forward)으로 나누어진다. 일반적으로 많이 이용하고 있는 일방향의 선물환 중에는 차액결제선물환(NDF)이라는 특수한 형태의 거래도 있다.[15] 차액결제선물환은 만기에 서로 다른 통화를 인수도 하지 않고 지정한 날(만기 전 2영업일)의 현물환율(fixing rate)과 미리 약정한 선물환율의 차액을 교환성 통화, 주로 미 달러화로 주거나 받는 거래이다.

외환스왑(foreign exchange swap)은 현물환과 선물환을 합성한 거래로 동일한 통화의 매입과 매도가 서로 반대방향으로 이루어진다. 아래의 예와 같이 원화를 대가로 미 달러화를 사고 일정한 기간이 지난 후에는 역으로 미 달러화를 팔고 원화를 되사기로 하거나 이와 반대방향으로 거래하는 환매조건부 외화매매를 말한다.

[표 3·1] 외환스왑의 통화흐름(예)

거래형태	T_1(2영업일)	T_2(만기일)
buy & sell	+USD/−KRW	−USD/+KRW
	(현물환)	(선물환)
sell & buy	−USD/+KRW	+USD/−KRW

주: buy 또는 sell은 기준통화인 미 달러화를 기준으로 말한다.

15) 홍콩, 싱가포르, 런던, 뉴욕 등 역외시장의 비거주자와 국내은행 간에 USD/KRW 차액결제선물환(NDF)이 매우 활발히 거래되고 있는데, 이는 비거주자와 국내은행 간 USD/KRW 선물환거래는 허용되어 있으나 현물환거래에 대해서는 규제하고 있기 때문에 이를 회피하기 위해 생겨난 특수한 거래방식이다.

참고 5 외환거래의 만기일 계산방법

외환거래는 계약하는 날짜와 실제로 서로 다른 통화, 즉 현물을 인수도하는 날짜(delivery date)가 다르며 인수도일이 하나인 거래도 있고 2개인 거래도 있다. 외환스왑과 같이 인수도일이 2개인 거래에서는 앞에 오는 인수도일을 기산일(value date)이라 하고 뒤에 오는 인수도일을 만기일(maturity date)이라고 한다.

일방향의 선물환이나 통화옵션(European 방식)과 같이 만기일이 거래일로부터 2영업일(value spot)이 지나서 돌아오며 인수도일이 하나인 거래는 가상으로 기산일을 정하고 이를 기준으로 만기일을 계산한다. 만기일은 특정한 날짜(odd date)를 지정하는 경우도 있으나 이는 예외적인 것이다. 외환시장에서는 1개월물, 3개월물 및 6개월물과 같이 순월방식(calendar month)을 주로 사용하고 있으며 이때 만기일을 정하는 몇 가지 규칙이 있다.

첫째, 동일한 날짜가 만기일이 된다. 계약일이 5월 27일인 1개월물 선물환의 만기일은 2영업일이 되는 5월 29일로부터 시작하여 1개월 후의 같은 날짜인 6월 29일이 된다(①).

둘째, 기산일이나 만기일이 공휴일인 경우에는 하루를 뒤로 미루어 계산한다. 5월 29일이 공휴일이면 5월 30일이 기산일이 되어 1개월물의 만기일은 6월 30일이 된다. 5월 29일이 공휴일은 아니나 6월 29일이 공휴일이어도 역시 6월 30일이 만기일이 된다(②).

셋째, 달을 바꾸지 못한다는 것이다. 위의 예에서 만약 6월 29일이 토요일이면 6월 30일은 일요일이므로 6월 28일이 만기일이 된다(③).

넷째, 월말은 월말로 만기일을 정한다는 규칙이다. 5월 29일이 금요일이고 5월 30일과 31일이 각각 토요일과 일요일이어서 그 달의 마지막 영업일이라면 1개월물의 만기일은 6월의 마지막 영업일이 된다(④).

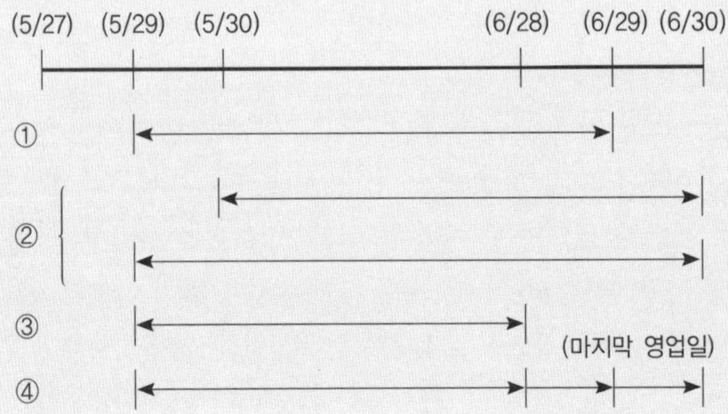

2. 거래의 활용

선물환을 이용하는 가장 큰 목적은 앞으로 수취하거나 지급하게 될 통화의 환율을 미리 확정(lock-in)시켜 그 기간 동안 환율이 변동함에 따라 발생할 수 있는 환차손을 미리 막아보자는 데 있다. 예를 들어, A기업이 미국의 수입상과 수출계약을 체결함과 동시에 수출대금을 받기로 한 날짜(6개월 후)에 달러당 1,005.5원에 매도하기로 은행과 선물환계약을 맺었다고 하자. 6개월 후에 환율이 950.0원으로 하락하여도 수출대금을 은행에 달러당 1,005.5원에 매도하게 되므로 환차손(달러당 44.5원)이 발생하지 않는다. 반대로 6개월 후에 환율이 1,050.0원으로 상승하여도 수출대금을 1,005.5원에 매도해야 하므로 환차익(달러당 44.5원)을 볼 수가 없다.

이처럼 선물환을 통해 환위험을 헤지하면 실수요의 환율이 미리 고정되므로(위의 예에서 1,005.5원) 환율이 불리하게 변동하여도 환차손을 입지 않으나 유리하게 변동할 때는 환차익을 볼 기회를 잃게 된다.

이와 달리 수출과 같은 실수요에 바탕을 두지 않고 예상에 따라 독립적으로 선물환거래를 한다면 선물환은 환투기 수단이 된다. 만약 환율이 상승할 것으로 보고 선물환을 매입하였는데 예상과 달리 환율이 하락하면 손실을 보고 예상대로 환율이 상승하면 이익을 얻게 된다.

특히, 차액결제선물환은 계약한 금액을 만기에 현물로 인수도하지 않고 현물환율과의 차액만 정산하므로 다른 선물환거래에 비해 결제가 실패할 위험이 작고, 적은 금액으로 큰 규모의 거래를 할 수 있어 레버리지(leverage)를 높일 수 있다. 이러한 이점이 있기 때문에 역외시장의 비거주자들이 차액결제선물환을 환투기에 이용하고 있는 것으로 알려져 있다.

외환스왑은 은행들이 환위험을 부담하지 않고 일시적으로 서로 다른 통화 간에 발생하는 자금의 과부족과 기간의 불일치를 조정하는데 이용한다. 예를 들어, A은행이 1백만 달러의 외화대출을 실행하려고 하는데 지금은 미 달러화자금이 부족하지만 3개월 후에는 기존 외화대출의 상환이 예정되어 있다면 외환스왑을 통해 현물환으로 원화를 주고 미 달러화를 사서 고객에게 외화대출을 해준다. 그리고 3개월 후에는 다른 고객으로부터 상환을 받은 외화자금으로 선물환(매도)을 결제하면 [표 3·2]와 같이 자금의 과부족과 기간의 불일치를 해소할 수 있다.

[표 3·2] 외환스왑에 의한 자금조정(예)

	T_1(현재)	T_2(3개월 후)
외환스왑[1]	+USD/−KRW	−USD/+KRW
	(현물환)	(선물환)
외화자금	−USD(대출실행)	+USD(대출회수)
원화자금	+KRW(차입)	−KRW(상환)
자금흐름 및 환위험	○	○

주: 1) buy & sell(은행 기준)

또한 외환스왑은 보험회사나 연·기금과 같은 기관투자자들이 단기로 해외증권에 투자하거나 비거주자가 국내금융상품에 투자할 때 환위험을 헤지하는 수단으로도 활용한다. 예를 들어, 기관투자가가 고객으로부터 수탁받은 원화자금으로 은행에서 미 달러화를 사서 해외증권에 투자한 후 만기에는 해외에 투자한 자산을 회수하여 미리 약정한 환율로 미 달러화를 은행에 주고 원화를 받아서 고객에게 되돌려 주는 것이다. 이렇게 외환스왑을 이용해 해외증권에 투자하면 [표 3·3]과 같이 그 기간 동안 자금의 흐름을 일치시킬 수 있을 뿐만 아니라 환위험도 헤지할 수 있다.

[표 3·3] 외환스왑에 의한 해외증권투자(예)

	T_1	T_2
외환스왑[1)]	+USD/-KRW (현물환)	-USD/+KRW (선물환 및 환율 고정)
외화자금	-USD(투자)	+USD(회수)
원화자금	+KRW(수탁)	-KRW(지급)
자금흐름 및 환위험	○	○

주: 1) buy & sell (기관투자가 기준)

3. 포지션 커버방법

어느 기업이 은행에 선물환을 매도하였다면 은행으로서는 선물환의 매입이 되므로 선물환 매입포지션이 발생한다. 은행이 이를 균형(square)으로 만들기 위해서는 다른 기업에게 금액과 기간이 똑같은 선물환을 매도하여 서로 대응시키면 된다. 그러나 현실적으로 이러한 조건에 맞는 거래상대방을 찾기가 어렵고 또한 서로 만족할 만한 수준의 선물환율을 결정하기도 쉽지 않기 때문에 이런 방식(back to back)으로는 은행이 대고객 선물환포지션을 커버[16)]하기가 힘들다.

그러므로 은행들은 이러한 방식 대신 국내외 단기금융시장을 통해 고객과의 선물환포지션을 커버하는 방법을 이용함으로써 시장의 조성자(market maker)로서 고객의 다양한 수요에 맞추어 유동성을 공급하고 있다. 그 방법을 구체적으로 보면 [사례 3·1]과 같다.

즉, B은행은 A기업과의 거래로 발생한 선물환 매입포지션(①)에 대해 매입한 선물환의 금액과 기간에 맞추어 외화를 차입(borrowing)하여(②) 외환시장에서 매도(spot)하고(③), 그 대가로 받은 원화로 같은 기간 동안 단기금융상품에 투자(investment)하는(④) 과정을 통해 현물환 매도포지션을 새로 발생시켜 대응시킨다. 그 결과 포지션(종합)이 균형을 이루게 되므로 A기업과의 선물환 매입포지션이 커버된다.

선물환계약의 만기가 되면, B은행은 원화상품에 투자한 자금을 회수하여(⑤) 이를 선물환 계약에 따라 A기업에게 주고 이때 A기업으로부터 받은 외화(⑥)로 차입금을 상환하는(⑦) 반대방향의 절차를 밟아 거

16) 외환시장에서 커버(cover)와 헤지(hedge)라는 용어가 많이 사용되고 있는데 서로 의미가 다르다. 커버는 어떤 거래의 환위험을 완전히 회피하고 자금의 흐름을 일치시키기 위해 반대의 방향으로 새로운 거래를 하는 것을 말하며, 이를 통해 이윤을 확정시키려는 전략적인 성격의 개념이다. 예를 들어, 은행이 고객에게 1백만 달러를 매도하기로 하고 동액을 시장에서 매입하였다면 매도포지션을 커버하였다고 말한다. 헤지는 미래에 발생할 수 있는 환위험에 대비하여 [참고 8]과 같은 방법이나 외화파생상품거래를 통해 외환거래의 환율을 현재 수준으로 미리 고정시킴으로써 손실을 최소화하려는 적극적인 성격의 개념이다.

래를 종결시킨다. 이에 따라 선물환과 현물환 포지션은 소멸된다.

이러한 과정에서 은행이 선물환을 매입할 때 외화차입(②)이 함께 이루어지므로 외채가 늘어나고, 외화매도와 투자(③, ④)의 절차에 따라 환율과 금리가 하락압력을 받게 된다. 반대로 은행이 고객에게 선물환을 매도하면 은행은 역의 방향으로 포지션을 커버하므로 이때에는 외화자산이 증가하고 환율 및 금리의 상승요인으로 작용한다.

한편 차액결제선물환(NDF)도 은행이 똑같은 방식으로 대고객 선물환 포지션을 커버하지만 만기에 서로 다른 통화를 인수도하지 않고 차액을 결제하므로 이때의 자금흐름은 일반적인 선물환과 다르다.

만약 [사례 3·1]에서 B은행이 차액결제선물환을 매입하였다면 만기에 B은행은 A기업(비거주자)과 외화로 차액을 수취 또는 지급하게 되므로 이를 합해서 외화차입금을 상환하는 데 부족한 자금은 회수한 원화투자자금으로 외화를 매입하여 충당한다. 따라서 차액결제선물환은 일반적인 선물환거래와 달리 이런 절차가 더 필요하기 때문에 계약할 때뿐만 아니라 만기에도 환율의 변동에 영향을 미친다.

사례 3·1 선물환거래 및 은행의 포지션 커버 메커니즘

B은행은 A기업과 6개월물 선물환을 매입하기로 계약을 체결하였다.

- 계약금액 : 1USD
- 현물환율(USD/KRW) : 1,000.0～1,001.4
- 금리(연 %)
  - LIBOR(USD, 6개월물) : 1.78～1.93
  - CD(KRW, 6개월물) : 3.02～3.04

B은행은 A기업으로부터 선물환을 매입하면서 다음과 같이 국내외 단기금융시장을 통해 자금의 흐름을 일치시키고 포지션을 커버하였다.

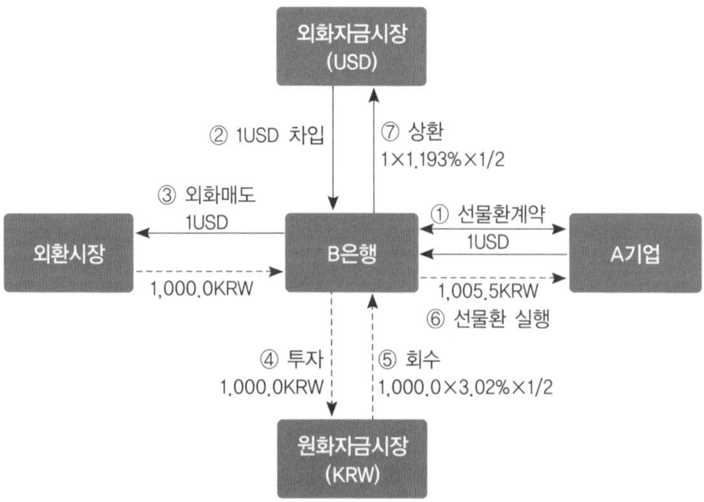

이상과 같은 B은행의 자금흐름 및 포지션을 요약하면 다음과 같다.

	T_1(계약일)	T_2(6개월 후)
외화자금	+USD(차입)	-USD(상환)
원화자금	-KRW(투자)	+KRW(회수)
현 물 환	-USD/+KRW	
선 물 환 (난외)	+USD/-KRW(계약)	+USD/-KRW(실행)
종합포지션	○	○
자금흐름	○	○

이러한 방법은 은행이 고객으로부터 선물환을 매입하였을 때 포지션을 커버하는 가장 전형적인 방법이지만 은행의 자산과 부채를 증가시켜 자기자본비율 등 자본금에 부담을 주기 때문에 실제로 은행들은 스왑을 이용하여 선물환포지션을 많이 커버하고 있다. 은행은 고객과의 선물환 매입포지션을 커버하기 위해 단기는 외환스왑(buy & sell)을, 장기는 통화스왑(buy & sell)을 각각 거래하고 동시에 매입한 현물환을 매도(spot sell)한다. 그 결과 선물환 매도포지션만 남게 되므로 난외(off-balance)에서 서로 대응되어 균형을 이루게 된다.

그러나 이러한 방법도 시장전체로 보면 한 은행의 스왑(buy & sell)은 상대방 은행의 다른 방향 스왑(sell & buy)에 의해 상쇄되지만 현물환 매도는 남게 되기 때문에 결과적으로 어느 한 은행은 현물환을 매도하는데 필요한 외화를 차입하고 이를 매도한 다음 이때 받은 원화로 투자를 하게 된다. 그러므로 결국 [사례 3·1]과 같은 포지션 커버방법으로 귀착되며 환율과 금리에 미치는 영향도 같아지게 된다. 다만, 고객과 거래한 장기선물환을 통화스왑으로 커버할 경우 고객과의 선물환포지션은 현물환율에 금리차를 반영한 선물환율로 산정된 것인데 비해 제4절에서 설명하는 것처럼 통화스왑의 선물환포지션은 초기의 원금교환에 적용한 현물환율을 기준으로 계산된 것이기 때문에 포지션 금액이 서로 일치하지 않는 단점이 있다.

[표 3·4] 은행의 선물환포지션 커버방법 비교

	현물환포지션	선물환포지션	종합포지션
대고객 선물환 매입(A)	—	매입(+)	매입(+)
A+① BSI[1]	매도(−)	—	0
A+② 외환스왑(buy & sell) +spot sell	매입(+)/매도(−)	매도(−)	0
A+③ 통화스왑(buy & sell) +spot sell	매입(+)/매도(−)	매도(−)	0>, 0<[2]

주: 1) borrowing → spot → investment
2) 기준통화에 비해 프리미엄이면 매입>매도, 디스카운트이면 매입<매도가 된다.

4. 선물환율의 결정

위에서 살펴본 것처럼 은행은 고객과 맺은 선물환을 해외 및 국내의 단기금융시장과 외환시장을 이용해 자금의 흐름을 일치시키고 그 포지션을 커버하므로 선물환율도 이를 기초로 하여 결정한다.

[사례 3·1]을 다시 보면 B은행은 금리가 낮은 통화(USD)를 빌려와 그보다 금리가 높은 통화(KRW)로 자금을 운용했으므로 만기에는 금리차익이 나게 된다. 그러므로 A기업으로부터 매입한 선물환의 환율을 현물환율보다 금리차익만큼 높게 책정해야 서로 균형을 이루게 된다. 즉, 이윤은 없다고 가정하면 선물환 매입률은 1,000.0KRW+1,000.0KRW×(3.02%－1.93%)×1/2=1,005.5KRW이 되어야 한다.

반대로 B은행이 선물환을 매도했다면 금리가 높은 원화(KRW)를 조달해서 금리가 낮은 외화(USD)를 매입하여 운용하므로 매도환율은 현재의 환율보다 금리차손만큼 비싸게 하여 보상을 받아야 한다. 그러므로 선물환 매도율은 1,001.4KRW+1,001.4KRW×(3.04%－1.78%)×1/2=1,007.7KRW이 된다.

위의 산식을 다시 정리해보면 매입률은 1,005.5KRW－1,000.0KRW=1,000.0KRW(3.02%－1.93%)×1/2이, 매도율은 1,007.7KRW－1,001.4KRW=1,001.4KRW×(3.04%－1.78%)×1/2이 되는데 외환시장에서는 좌측(선물환율－현물환율)을 스왑포인트(swap point)라고 부른다.

그리고 스왑포인트는 우측의 산식과 같이 현물환율×국내외 금리차×기간으로 간편하게 계산하는데 경험적으로 보면 현물환율은 매입률과 매도율 중에서 어느 것을 사용하여도 큰 차이가 없지만 금리는 예수금리(bid rate)를 사용하느냐 대출금리(offered rate)를 쓰느냐에 따라서 스왑포인트가 크게 달라지므로 유의해야 한다.

이와 같이 선물환율은 현물환율에다 양통화의 금리차에 해당하는 환율을 계산하여 가감한 것이다. 그러므로 이론적으로는 기준통화인 미

[그림 3·1] 선물환율의 고시와 읽기

은행이 선물환율을 고시할 때는 주로 선물환율과 현물환율의 차인 스왑포인트만을 고시한다. 현재 원화(KRW) 금리가 미달러화(USD) 금리보다 높기 때문에 이론적으로는 선물환율이 현물환율보다 커야 한다. 그러나 선물환시장에서 고객의 선물환 매도(은행의 매입)가 매입보다 월등히 많고 외화차입의 리스크 프리미엄이 크기 때문에 아래와 같이 은행의 선물환 매입률이 오히려 현물환 매입률보다 낮게 고시되고 있다.

Quote: KRWF=

KRWF= KRW FWDS

코드	매수	매도	참조	시간
KRW=	1152.00	1158.00	RTFX	17:52
KRWON=				06:53
KRWTN=				06:53
KRWSW=	-120	182	BNPV	17:30
KRW1M=	-300	490		10:44
KRW2M=	-400	760		11:13
KRW3M=	-500	1060		11:13
KRW6M=	-1000	2080	BNPV	17:30
KRW9M=	-1230	2890	BNPV	17:30
KRW1Y=	-1400	3700	BNPV	17:30

은행의 1년물 선물환 매입률(고객은 매도율)은 1,138.0원(1,152.00−14.00원)이고 매도율은 1,195.0원(1,158.00+37.00원)임을 가리킨다.

JPYON=	-0.07	0.05	DBFW	18:01
JPYTN=	-0.12	-0.07	BMFR	18:02
JPYSN=	-0.03	0	DBFW	18:01
JPYSW=	-0.29	-0.16	DBFW	18:01
JPY2W=	-0.58	-0.43	DBFW	18:01
JPY3W=	-1.03	-0.88	BOAF	18:01
JPY1M=	-1.79	-1.56	DBFW	18:01
JPY2M=	-3.35	-3.10	BAFX	18:01
JPY3M=	-4.88	-4.28	DBFW	18:01
JPY4M=	-6.93	-5.83	DBFW	18:01
JPY5M=	-8.93	-8.18	BOAF	18:01
JPY6M=	-12.40	-11.90	DRE4	18:01
JPY7M=	-16.16	-13.46	DBFW	18:01
JPY8M=	-20.38	-17.28	DBFW	18:01
JPY9M=	-24.60	-21.10	DBFW	18:01
JPY10M=	-29.80	-27.80	RTFX	18:02
JPY11M=	-38.72	-34.47	DBFW	18:02
JPY1Y=	-41.08	-39.43	CBFX	18:02

USD/JPY환율이 87.75−87.81일 때 은행의 1년물 선물환 매입률(고객은 매도율)은 87.34(87.75−0.4108)이고 매도율은 87.42(87.81−0.3943)라는 것을 말한다.

달러화보다 금리가 높은 통화의 선물환율은 현물환율보다 높고 (premium), 금리가 낮은 통화의 선물환율은 현물환율보다 낮아지게 (discount) 된다. 그러나 실제로는 시장의 수급사정이 불균형을 보이거나 미 달러화를 차입할 때 가산금리가 양통화의 금리차보다 크면 [그림 3·1]에서 보는 것처럼 금리가 높은 통화(원화)라 하더라도 선물환율이 현물환율을 밑돌고 매입률과 매도율의 차(spread)가 금리차보다 더 크게 벌어지는 현상이 발생할 수 있다.

한편 우리나라에서는 일본 엔화와 같이 미 달러화가 아닌 다른 통화에 대한 선물환도 거래된다. 이때 선물환율은 금리차를 감안하여 USD/KRW와 USD/JPY의 선물환율을 각각 구한 다음 선물환율끼리 크로스레이트를 계산해야 하지만 시장에서는 [표 3·5]와 같이 이미 고시된 선물환율로 간단히 JPY/KRW의 크로스레이트를 구하여 사용하고 있다. 따라서 양통화의 금리차를 감안한 이론적인 선물환율과 시장의 크로스 선물환율 간에 약간의 차가 날 수 있으나 재정거래 (arbitrage)가 일어날 정도로 그 차가 크지는 않다.

[표 3·5] 크로스 선물환율 계산(예)

- **6개월물 선물환율(시장고시)**
  USD/KRW : 1,005.5－1,007.7
  USD/JPY : 95.10－95.90

- **JPY/KRW선물환율(cross rate)**
  매입률(bid rate) : 1,005.5/95.90 = 10.4848
  매도율(offered rate) : 1,007.7/95.10 = 10.5962

이상에서 본 것과 같이 선물환율을 통해 해외 및 국내 단기금융시장과 외환시장이 균형을 이루는 것을 환위험이 커버된 금리평가(covered interest rate parity)가 성립한다고 말한다. 이에 대해서는 제4장에서 보다 상세히 설명할 것이다.

제2절 통화선물

1970년대 초 미 달러화의 평가절하와 함께 브레튼우즈체제가 붕괴되면서 선진국들이 환율제도를 변동환율제도로 전환하였고, 이에 따라 외환시장에서는 환위험을 헤지할 수 있는 새로운 수단의 개발이 요구되었다. 이러한 시장의 수요에 부응하여 미국의 시카고 상품거래소(Chicago Mercantile Exchange)가 IMM(International Monetary Market)을 설립하고 상품선물을 응용한 일본 엔화, 독일 마르크화 등의 통화선물을 거래하면서 통화선물거래가 처음 등장하게 되었다. 1980년대에는 IMM의 성공에 따라 세계 각국이 주요 도시에 NYME(New York Mercantile Exchange), LIFE(London International Financial Futures), SIMEX(Singapore Mercantile Exchange) 등과 같은 선물거래소를 개설하고 통화선물을 상장하였다. 우리나라에서도 1994년 4월 한국선물거래소(2005년 1월 한국거래소로 통합)를 개장하면서 미국 달러선물을 상장하여 처음 통화선물을 거래하기 시작하였다.

1. 주요 특징

은행의 상품인 선물환 이외에 환위험을 헤지하는 데 가장 손쉽게 이용할 수 있는 수단이 통화선물(currency futures)이다. 통화선물은 거래소라는 유형의 장소에 상장된 통화를 대상으로 일정기간 후에 인수도하기로 약정하는 외환거래이다. 통화선물은 미래의 특정한 일자에 약정한 환율로 서로 다른 통화를 인수도하기로 계약한다는 점에서 선물환과 비슷하나 여러 가지 차이점이 있다.

첫째, 통화선물은 계약을 맺은 후 선물환율(이하에서는 시장의 용어인 선물가격을 사용)의 변동에 따라 발생하는 환차손익을 거래상대방에 대한 신용위험 없이 안전하게 결제할 수 있다는 점이다. 통화선물은 대부분 인수도일 이전에 반대거래를 통해 계약을 청산하고 손익을 정산하는 데 그 이행을 보장하기 위해 증거금(margin)을 납입한다. 그리고 날마다 변동하는 선물가격에 따라 발생하는 거래의 평가손익을 증거금에서 가감하고 부족하면 보충하는 일일정산(marking to market) 제도를 두고 있다. 이러한 제도적 장치를 통해 신용이 낮아도 증거금을 부담할 여력만 있으면 개인을 비롯해서 누구나 통화선물거래에 참여할 수 있게 되었다. 이것이 통화선물을 도입한 가장 큰 목적이다.

둘째, 통화선물은 거래소라는 공인된 장소에서 입찰방식으로 거래가 이루어지며, 거래소의 일부 조직인 청산소(clearing house)가 증거금을 관리하고 거래이행에 대한 책임을 지도록 하여 공신력을 높이고 있다.

셋째, 통화선물은 거래의 신속성과 시장의 유동성을 높이기 위해 인수도일, 계약금액 등 모든 거래조건을 표준화하여 거래하고 있다. 그러므로 고객의 다양한 요구에 따라 거래조건을 서로 협의해서 결정하는 선물환과 이런 점이 다르기 때문에 흔히들 선물환시장은 맞춤복시장이고, 통화선물시장은 기성복시장이라고 비유한다.

[표 3·6] 선물환과 통화선물의 비교

구 분	선물환(forward)	통화선물(futures)
거래조건 (금액, 인수도일 등)	당사자 간 필요에 맞게 정함.	표준화되어 있음.
거래통화	당사자 간 필요에 맞게 정함.	상장 통화 (우리나라 : USD, EUR, JPY)
거래결제	만기에 현물을 인수도함.	만기 전에 반대거래로 차액을 정산함.
거래비용	수수료 없음. (스프레드를 비용으로 볼 수 있음)	중개인 수수료를 지급하며 증거금 납입도 필요함.
신용위험	거래상대방에 따라 신용한도를 설정함.	없음. (거래소가 증거금과 일일정산으로 이행을 보장함)

2. 우리나라의 제도

2-1. 거래조건 및 절차

한국거래소에는 미 달러화(USD), 유로화(EUR) 및 일본 엔화(JPY)의 3개 통화선물이 상장되어 있고 이들을 대상으로 원화로 거래하고 있다. 각 통화선물의 거래조건은 [표 3·7]에서 보는 것처럼 표준화되어 있다.

[표 3·7] 통화선물 거래명세

	미국달러선물(USD)	유로선물(EURO)	엔선물(JPY)
거래단위 (1계약)	10,000	10,000	1,000,000
가격표시	USD당 원	EUR당 원	100JPY당 원
호가단위	0.10원	0.10원	0.10원
최소 가격 변동금액	1,000.0원	1,000.0원	1,000.0원
가격제한폭	기준가격± 4.50%	기준가격± 5.25%	기준가격± 5.25%
거래시간	[평일] 단일가매매 08:00 ~ 09:00 접속매매 09:00 ~ 15:05 단일가매매 15:05 ~ 15:15 [최종거래일] 단일가매매 08:00 ~ 09:00 접속매매 09:00 ~ 11:20 단일가매매 11:20 ~ 11:30		
최종거래일	결제월의 3번째 월요일		
최종결제일	최종거래일로부터 기산하여 3번째 거래일(T+2)		

1단위 계약금액은 각 통화별로 10,000(USD 및 EUR)과 1,000,000(JPY)이고, 기간은 최근 연속 6개월물과 3, 6, 9, 12월물이 거래된다. 예를 들어, 2009년 9월 23일 현재 거래되고 있는 미국 달러선물(175)[17]은 10월물(175DA), 11월물(175DB), 12월물(175DC), 다음해의 1월물(175E1), 2월물(175E2) 및 3월물(175E3) 6개와 6월물(175E6) 및 9월물(175E9) 2개를 합해 모두 8개 종목이 거래된다.

각 종목의 최종거래일은 해당 월의 3번째 월요일로 정해져 있으며, 최종결제일은 마지막 거래일로부터 3번째 거래일(T+2)이 된다. 가령, 2009년 9월물의 최종거래일이 9월 21일이면 최종결제일은 9월 23일이 된다. 마지막 거래일인 9월 21일 11시 30분까지 반대거래로 청산하지 않은 미결제약정은 최종가격으로 9월 23일에 현물로 인수도하여야 한다. 만약 100계약의 매입이 남아 있었다면 거래를 중개한 선물회사로부터 1,000,000USD(100계약 ×10,000USD)를 거래은행의 계정을 통해 이체받고 그에 상당하는 원화를 선물회사의 계정에 입금시켜야 한다.

통화선물을 매매할 때 호가단위(tick size)는 0.10원이고 최소 가격변동

17) 미국 달러선물의 Symbol은 175D9와 같이 표기하는데 이는 2009년 9월 최종거래일로부터 기산하여 3번째 거래일(T+2), 즉 9월 23일에 미국 달러화와 원화를 현물로 인수도할 수 있는 종목을 의미하는 것으로 시장에서는 9월물이라고 부른다.

금액(tick value)은 1,000.0원이며, 일중 가격제한폭은 현재 전일자 기준가격의 상하 5.25%(EURO 및 JPY)와 상하 4.50%(USD)로 각각 설정되어 있다.

통화선물은 거래소에서 회원들 간에 이루어지는 거래이므로 회원이

[그림 3·2] 통화선물가격 고시와 읽기

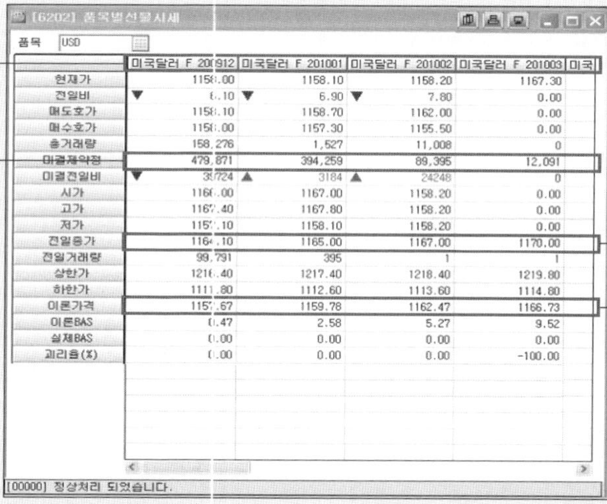

[6202] 품목별선물시세

품목 USD

	미국달러 F 20[illegible]912	미국달러 F 201001	미국달러 F 201002	미국달러 F 201003	미국
현재가	115[illegible].00	1158.10	1158.20	1167.30	
전일비	▼ [illegible].10	▼ 6.90	▼ 7.80	0.00	
매도호가	115[illegible].10	1158.70	1162.00	0.00	
매수호가	115[illegible].00	1157.30	1155.50	0.00	
총거래량	158,276	1,527	11,008	0	
미결제약정	479,871	394,259	89,395	12,091	
미결전일비	▼ 3[illegible]724	▲ 3184	▲ 24248	0	
시가	116[illegible].00	1167.00	1158.20	0.00	
고가	116[illegible].40	1167.80	1158.20	0.00	
저가	115[illegible].10	1158.10	1158.20	0.00	
전일종가	116[illegible].10	1165.00	1167.00	1170.00	
전일거래량	99,791	395	1	1	
상한가	121[illegible].40	1217.40	1218.40	1219.80	
하한가	111[illegible].80	1112.60	1113.60	1114.80	
이론가격	115[illegible].67	1159.78	1162.47	1166.73	
이론BAS	[illegible].47	2.58	5.27	9.52	
실제BAS	[illegible].00	0.00	0.00	0.00	
괴리율(%)	[illegible].00	0.00	0.00	-100.00	

[00000] 정상처리 되었습니다.

상장된 미국달러선물의 기간물로 주로 기간이 짧은 종목이 거래되고 있다.

아직 반대거래로 청산하지 않고 남아 있는 계약수를 말한다.

화면에는 전일 종가가 고시되고 있으나 매일 장이 끝난 후 금일 종가가 나타나며 이를 기준으로 거래소가 증거금을 매일 정산하는데 사용하는 정산가격을 고시한다.

거래소가 미국과 우리나라의 정책금리(Federal Fund 금리와 RP 금리)를 기준으로 잔여 일수에 해당하는 스왑포인트를 계산하여 고시하는 참고가격이다.

아닌 기업 및 개인이 거래를 하려고 하면 먼저 회원인 선물회사에 원화 및 외화 위탁계정을 개설하여야 한다. 계정을 개설할 때 기본적인 예탁금은 없고 소정의 서류만 갖추면 된다. 매매의 주문은 전화나 HTS(home trading service)와 같은 컴퓨터 통신을 이용하여 선물회사에 위탁하며 거래를 위탁받은 선물회사는 거래소에서 주문을 실행한다. 이때 거래에 따른 위탁증거금도 함께 납입하여야 한다.

2-2. 증거금과 일일정산

통화선물은 앞에서 설명한 것처럼 누구나 거래에 참여할 수 있도록 하는 한편 증거금과 일일정산이라는 독특한 제도를 두고 있다. 증거금은 거래자가 한국거래소의 회원이며 위탁매매의 자격이 있는 선물회사에 납입하는 위탁증거금과 선물회사가 회원으로서 거래소에 예탁하는 거래증거금으로 나누어 볼 수 있다. 그리고 위탁증거금은 거래자가 새로운 거래를 체결하기에 앞서 매매를 위탁한 선물회사에 예치하는 개시증거금(initial margin)과 거래가 체결된 이후 관리해야 하는 유지증거금(maintenance margin) 및 추가증거금(additional margin)으로 구분할 수 있다.

시장에서는 위탁증거금을 개시증거금과 같은 의미로 사용하고 있는데 위탁증거금은 현재 계약당 미국 달러선물은 4.50%로, 유로 및 엔선물은 5.25%로 각각 정해져 있다. 거래가 체결된 이후에는 미결제약정에 대해 거래소가 고시하는 정산가격으로 매일 손익을 평가하고 그 금액을 예탁자산에서 빼거나 더하는 일일정산을 실시한다.

만약 미결제약정에서 평가손이 나면 그 금액을 예탁자산에서 차감하는데 그 후 잔액이 거래소가 정한 유지증거금 이하로 내려가면 위탁증거금 수준으로 현금을 추가로 납입하여야 한다. 이를 추가증거금이라고 하며 시장에서는 마진 콜(margin call)이라 부른다. 반대로 평가익이 발생해서 위탁자산이 위탁증거금 수준을 넘어가면 그만큼 증거금을 인출할 수 있다.

증거금은 국공채, 주식 등 대용증권에 의한 납입도 가능하나 일일정산에 의한 손익의 입출은 현금으로만 이루어지도록 하고 있다. 평가손이 발생한 거래자가 필요한 추가증거금을 다음 영업일 11시 30분까지 입금시키지 못하면 당해 선물회사는 반대거래를 통해 미결제약정을 임의로 청산하게 된다.

이와 같이 볼 때, 제1절에서 설명한 선물환은 현물의 인수도가 이루어지는 만기가 될 때까지 계약기간 중에는 아무런 자금의 이동이 없으나 통화선물은 일일정산이라는 절차를 통해 손해가 난 거래자로부터 이익을 본 거래자에게로 매일 자금이 이동하여 손익이 결제된다는 점에서 근본적인 차이가 있음을 알 수 있다.

[표 3·8] 통화선물 증거금률

	미국달러선물(USD)	유로선물(EUR)	엔선물(JPY)
위탁증거금률	4.50%	5.25%	5.25%
유지증거금률	3.00%	3.50%	3.50%

주: 2009년 9월 말 현재 1계약당 기준이다.

사례 3·2 증거금의 일일정산

A기업은 미국 달러선물 1계약(10,000USD)을 매입하고 거래를 중개한 선물회사에 증거금을 납입하였다(T_0).

- 선물가격 : 1,006.6원(정산가격과 동일)
- 개시증거금 : 452,970원(10,000USD×1,006.6원×4.5%)
- 유지증거금 : 301,980원(10,000USD×1,006.6원×3.0%)

다음날 선물가격이 5.0원 상승하여 일일정산의 가격이 1,011.6원으로 고시되어 평가익이 발생하였다(T_1).

- 일일정산 평가익 : 50,000원(10,000USD×5.0원)
- 위탁증거금 : 455,220원(10,000USD×1,011,6원×4.5%)
- 유지증거금 : 303,480원(10,000USD×1,011,6원×3.0%)
- 예탁자산 : 502,970원(452,970원+50,000원)

그 다음날 선물가격이 25.0원이나 급락하여 거래소가 정산가격을 986.6원으로 고시함에 따라 미결제약정에서 평가손이 발생하였다(T_2).

- 일일정산 평가손 : 250,000원(10,000USD×25.0원)

- 위탁증거금 : 443,970원(10,000USD×986.6원×4.5%)
- 유지증거금 : 295,980원(10,000USD×986.6원×3.0%)
- 예탁자산 : 252,970원(502,970원−250,000원)

A기업은 평가손을 차감한 예탁자산이 유지증거금보다 적어졌으므로 위탁증거금과의 차액 191,000원(443,970원−252,970원)을 납입하도록 요청을 받고 선물회사에 개설된 본인의 계정에 현금으로 입금시켰다.

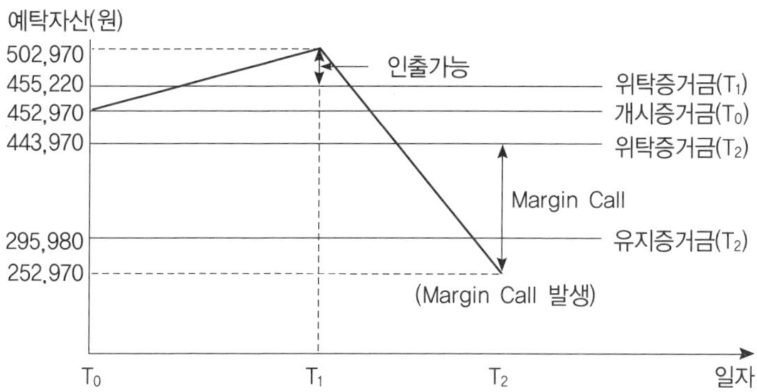

3. 헤징 및 베이시스 위험

통화선물은 선물환과 마찬가지로 환위험을 헤지하거나 투기거래의 수단으로 이용할 수 있다. 통화선물로 실수요(현물포지션)의 환위험을 헤지하려면 현물포지션과 반대방향으로 매매하여야 한다. 즉, 수출 등으로 외화를 수취하기로 예정된 기업은 통화선물을 매도(short hedge)하고, 외화를 지급하여야 하는 기업은 통화선물을 매입(long hedge)한다.

그 후 각각의 반대거래로 선물포지션을 청산하여 이익 또는 손실이 발생하면 이것으로 환율변동에 따른 현물포지션의 손실 또는 이익을 상쇄시킴으로써 계약시점의 선물가격으로 장래에 수취 또는 지급할 실수요의 환율을 고정시킬 수가 있게 된다.

사례 3·3 통화선물에 의한 헤징

A기업은 미국의 수입상에게 10,000USD의 물품을 수출하고 6개월 후에 그 대금을 받기로 계약을 맺었으며, B기업은 미국의 수출상으로부터 동일한 금액과 결제조건으로 물품을 수입하기로 하였다. 그리고 A, B기업은 다음과 같이 실수요에 맞추어 각각 미국 달러선물을 1계약씩 매도, 매입하였다.

- 미국 달러선물 1계약 : 10,000USD
- 최종거래일 : 6개월 후 3번째 월요일
- 선물가격 : 1,006.6원
- 현물환율 : 1,000.0원

6개월 후 최종거래일에 A, B기업은 미국 달러선물을 반대거래로 청산하였다. 이때 현물환율의 변동에 따른 현물포지션과 선물포지션의 손익은 다음과 같이 계산된다.

	T_1 (계약시)	T_2(계약만기)		
		환율변동(원)[1]		
		상승(+50.0)	불변	하락(−50.0)
(A기업)				
현물포지션	+10,000USD	+500,000.0	−	−500,000.0
선물포지션	−10,000USD	−434,000.0[2]	+66,000.0[3]	+566,000.0[4]
손　　익	0	+66,000.0	+66,000.0	+66,000.0
(B기업)				
현물포지션	−10,000USD	−500,000.0	−	+500,000.0
선물포지션	+10,000USD	+434,000.0	−66,000.0	−566,000.0
손　　익	0	−66,000.0	−66,000.0	−66,000.0

주: 1) 계약할 때의 현물환율(1,000.0원)과 6개월 후 최종거래일의 현물환율의 차
2) 10,000USD × (1,006.6 − 1,050.0)원
3) 10,000USD × (1,006.6 − 1,000.0)원
4) 10,000USD × (1,006.6 − 950.0)원

이와 같은 거래를 한 결과 계약할 때 선물환율과 현물환율의 차(6.6원)에 해당되는 손익을 제외하면 현물포지션과 선물포지션의 손익은 서로 상쇄되어 만기에 환율이 하락하거나 상승하는 것과 관계없이 선물가격(1,006.6원)으로 A기업은 수출대금을 받고, B기업은 수입대금을 결제할 수 있었다.

위의 사례는 환위험을 헤지하려는 실수요의 금액(현물포지션)이 미국달러선물 1계약(10,000USD)과 같고 그 결제일이 최종거래일과 일치하며 동시에 반대거래를 할 때 선물환율이 그 때의 현물환율과 같다는 것을 전제로 한 것이다. 그러나 이러한 전제조건들은 현실적이지 못하기 때문에 실제로 통화선물을 이용하여 환위험을 헤지하는 데 제

약요인이 되고 있다. 그러므로 이를 해결하기 위하여 다음과 같은 방법들을 이용한다.

첫째, 금액의 불일치는 선물델타(futures delta)를 사용하여 해소하고 있다. 제5장 제1절에서 설명하는 금리평가식 $F_t = S_t(\frac{1+I_{KRW}}{1+I_{USD}})$에서 $\frac{1+I_{KRW}}{1+I_{USD}}$를 선물델타($\delta$)라고 한다. 금리평가식은 $F_t = \delta S_t$가 되고 선물델타(δ)는 $\frac{F_t}{S_t}$로 계산되며, 다시 $S_t = (\frac{1}{\delta})F_t$로 바꾸어 쓸 수 있다. 만약 선물델타($\delta$)가 1보다 크다면($\delta > 1$) 실수요($S_t$)보다 더 많은 미국 달러선물($F_t$)을 계약해야 헤지할 수 있으며, 선물델타($\delta$)가 1보다 작으면($\delta < 1$) 반대로 실수요보다 거래할 미국 달러선물의 계약수를 줄여야 한다.

예를 들어, [사례 3·3]에서 선물델타(δ)는 1,006.6/1,000.0=1.01이 된다. 따라서 수출 1,000,000USD의 현물포지션을 헤지하기 위해서는 미국 달러선물을 101계약[(1,000,000USD/10,000USD) × (1/1.01)] 매도하여야 한다. 그리고 선물델타(δ)는 시간(t)의 함수이므로 계속해서 변동하기 때문에 선물계약의 수를 수시 조정해야만 헤징을 할 수가 있다.

둘째, 기간의 불일치는 최종거래일이 실수요의 결제일보다 긴 미국달러선물을 계약하고 실수요의 결제일에 맞추어 반대거래로 청산하는

방법을 사용하여 해결한다.[18)]

이론적으로 보면 앞에서 살펴본 선물델타($\delta = \frac{1+I_{KWR}}{1+I_{USD}}$)는 시간의 함수이므로 만기(최종거래일)에 가까이 갈수록 절대값은 줄어들어 1로 수렴하기 때문에 만기에는 선물환율과 현물환율이 같아져 베이시스(선물가격－현물환율)는 영(zero)이 된다. 그러나 선물계약의 만기가 되기 이전에 청산을 하면 그 때의 베이시스(선물환율－현물환율)는 영이 되지 않으므로 현물과 선물 포지션의 손익이 정확하게 상쇄되지 않는 위험이 발생하게 된다. 즉, 베이시스가 변동하는 위험(basis risk)이 존재한다. 다만, 경험적으로 보면 현물환율의 변동성에 비해 베이시스의 변동성은 매우 작기 때문에[19)] 이러한 제약요인에도 불구하고 통화선물을 이용하여 환위험을 헤지한다.

그리고 위의 사례에서 A기업은 66,000.0원의 이익을 추가로 보고 B기업은 동액만큼 비용을 추가로 부담해야 했는데 이는 미 달러화와 원화의 금리차에 따라 발생하는 것으로 이론적인 베이시스(선물환의

18) 단기의 미국달러선물을 연장(roll-over)하여 장기 실수요의 결제일에 맞추어 가는 방법도 있지만 이때는 최종거래일이 다른 미국 달러선물 종목 간에 선물가격의 차(한월간 스프레드)가 변동하는 위험이 추가로 발생하는 단점이 있다.

19) 2008년을 기준으로 보면 전일 대비 현물환율의 변동폭은 11.97원인데 비해 베이시스(1년물)의 변동폭은 1.74원으로 매우 작다.

스왑포인트를 말함)와 차이가 날 때에는 즉시 차익을 노리는 재정거래가 나타나 이론적인 베이시스로 곧 조정이 이루어진다.

제3절 통화옵션

1. 기초 개념

통화옵션(currency option)은 계약만기에 또는 계약기간 동안 언제라도 약정한 환율로 통화를 사거나 팔 수 있는 권리를 말한다. 통화옵션은 약정한 통화를 살 수 있는 권리인 콜옵션(call option)과 팔 수 있는 권리인 풋옵션(put option)으로 나누어지며 권리를 갖는 대신 거래상대방에게는 계약할 때 먼저 대가(premium)를 지급해야 한다.

또한 권리를 행사할 수 있는 시기에 따라 미국식옵션(American option)과 유럽식옵션(European option)으로 구분한다. 미국식옵션은 매입자가 계약기간 중에 필요하다고 판단할 때는 언제든지 권리를 행사할 수 있는데 비해 유럽식옵션은 계약만기일에나 권리를 행사할 수 있다.

통화옵션은 거래되는 장소에 따라 장내옵션과 장외옵션으로 나누어 볼 수 있다. 장내옵션과 장외옵션의 관계는 제2절에서 설명한 통화선물과 선물환의 관계와 같다. 장내옵션은 1978년 네덜란드 암스테르담의 유럽옵션거래소(European Option Exchange)에서 네덜란드 길더화(DGL)를 대상으로 거래를 시작한 것이 처음이다. 미국에서는 1982년 필라델피아증권거래소(Philadelphia Stock Exchange)가 영국 파운드화(GBP) 및 독일 마르크화(DEM)를 상장시켜 거래를 시작하면서 본격화되었다. 그 후에는 이러한 현물옵션보다 IMM 등에서 통화선물에 옵션을 부가한 통화선물옵션이 더욱 활발히 거래되고 있다.

은행의 장외옵션(over-the-counter option)은 거래조건이 표준화된 장내옵션보다 훨씬 이전부터 거래되기 시작하였을 뿐만 아니라 은행들이 최근에 급속히 발전된 금융공학을 이용하여 다양한 상품을 개발하고 저변을 넓힘으로써 통화옵션시장을 주도하고 있다. 이하에서는 장외통화옵션을 중심으로 설명한다.

2. 효과와 활용

2-1. 통화옵션의 효과

통화옵션을 매입하면 권리를 행사할 때 약정한 환율(이하에서는 시장의 용어인 행사가격을 사용)이 시장의 환율(spot rate)보다 불리할 경우에는 권리를 포기할 수 있기 때문에 손실은 계약할 때 먼저 지급한 프리미엄(up-front fee)에 국한시킬 수 있고, 행사가격(strike price)이 시장의 환율보다 유리할 경우에는 권리를 행사하여 그 차익에서 비용인 프리미엄을 차감한 만큼 이익을 얻을 수 있다.

반면 통화옵션을 매도한 측은 계약할 때에 먼저 프리미엄을 받는 대신 매입자가 권리를 행사할 때 응해야 하는 의무를 지게 되므로 매입자가 권리를 행사할 때에는 손실을 보게 되지만 권리를 포기할 때는 이미 받은 프리미엄은 이익으로 실현된다. 그러므로 통화옵션의 매입은 환율의 변동에 대해 보험을 든 것과 같다고 볼 수 있으며 그 대가인 프리미엄은 보험료라고 말할 수 있다.

예를 들어, A기업이 B은행으로부터 행사가격(USD/KRW)이 1,000.0원인 1백만 달러의 콜옵션을 사고 프리미엄으로 10,000USD를 지급하였다. 그 후 환율이 1,200.0원으로 상승하여 권리를 행사하였다면 6,667USD[(1,200.0－1,000.0) × 1,000,000USD/1,200.0－10.000 USD]의 이익을 보게 된다. 만일 그 때에 환율이 1,200.0원보다 더 크게 상승하였다면 이익은 비례해서 더 커지게 된다.

그러나 반대로 환율이 800.0원으로 하락하여 행사가격보다 낮아졌다면 권리를 포기하고 시장에서 직접 미 달러화를 사는 것이 유리하다. 이때는 통화옵션을 매입하면서 지급한 프리미엄(10,000USD)

은 손실로 인식한다.

[그림 3·3] 콜옵션의 효과

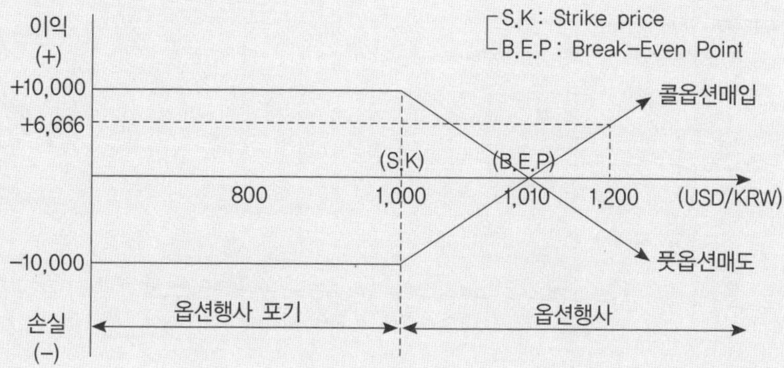

앞의 예와 동일한 조건으로 A기업이 B은행으로부터 풋옵션을 매입한 후 환율이 1,200.0원으로 상승하게 되면 권리를 행사하지 않고 보유하거나 수취하게 될 통화를 시장에서 직접 파는 것이 유리하다.

그러나 환율이 800.0원으로 하락하여 행사가격보다 불리해지면 권리를 행사하므로 240,000USD[(1,000.0－800.0)×1,000,000USD/800.0－10,000USD]의 이익을 보게 되며 시장의 환율이 더 크게 하락하면 그에 따라 이익은 더 커지게 된다.

[그림 3·4] 풋옵션의 효과

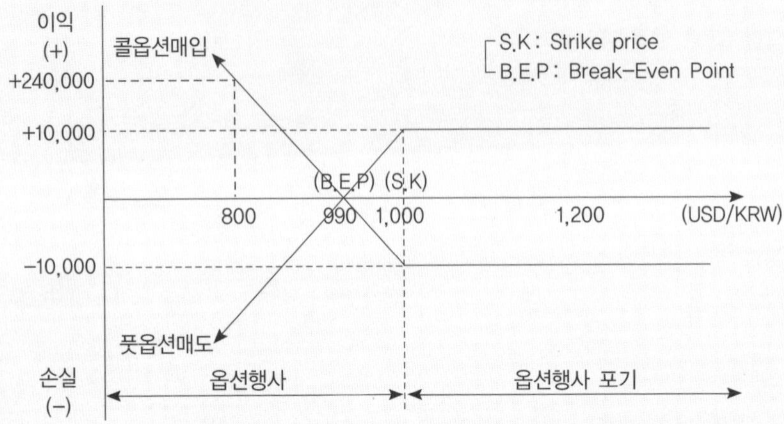

2-2. 통화옵션의 활용

일반적으로 선물환이나 통화선물은 계약을 맺은 후 환율의 변동방향에 따라 손실이나 이익이 대칭적인 구조를 갖는데 비해 통화옵션은 위의 그림에서 본 것처럼 손익이 대칭적으로 발생하지 않는다. 즉, 손실은 프리미엄에 국한되나 이익은 계약 후에 변동하는 환율의 크기에 따라 달라진다.

앞으로 수취하거나 지급할 외화(현물포지션)가 확정되어 있다면 이것 또한 환율의 변동방향에 따라 손익이 대칭적으로 움직이기 때문에 반대방향의 대칭적인 선물환이나 통화선물을 거래하여 서로 손익을 상

[그림 3·5] 선물환매도와 풋옵션매입의 헤지효과

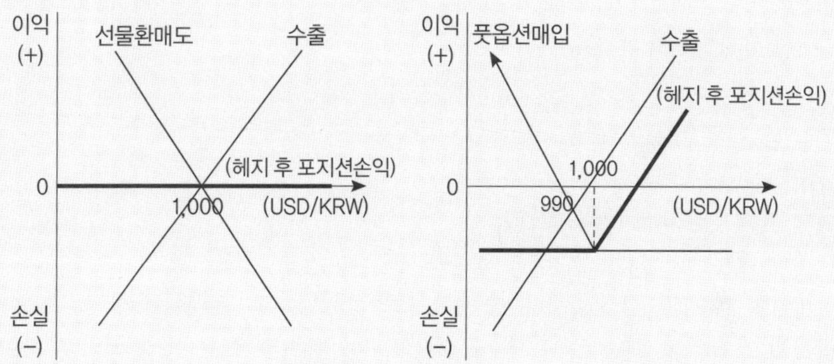

쇄시킴으로써 환위험을 헤지하게 된다.[20] 위의 그림에서 보는 것처럼 선물환율 또는 선물가격이 1,000.0원이라면 환율의 등락과 관계없이 환위험을 헤지한 후에 A기업의 손익은 영(zero)이 된다.

그러나 현물포지션(수출)의 환위험을 헤지하기 위하여 풋옵션을 매입하였다면 현물포지션과 결합한 헤지 후의 포지션도 위의 그림과 같이 비대칭적인 손익구조가 된다. 그러므로 환위험을 완전히 헤지할 수 없으면서도 상당한 수준의 프리미엄을 비용으로 지급해야 하는 문제가 발생한다.

20) 선물환을 거래하면서도 통화옵션과 같이 손실을 프리미엄 수준에 한정시키고자 하는 투기거래자는 미리 프리미엄에 해당하는 환율수준으로 손절매(stop-loss) 주문을 해놓으면 통화옵션과 같은 효과를 거둘 수 있다.

이와 같이 통화옵션은 선물환이나 통화선물과 효과가 다르고 비용도 많이 들기 때문에 [사례 3·4]처럼 환익스포져가 확정되지 않았을 때에 활용하는 것이 좋다.

사례 3·4 통화옵션의 활용

A기업이 해외의 건설공사에 응찰하기로 하였다. 그 결과는 6개월 후에나 발표되고 낙찰이 되면 즉시 선수금으로 1백만 달러를 받고 그 후에는 공사의 진척에 따라 4회에 걸쳐 지정한 날짜에 분할하여 대금을 받게 된다.

이때 A기업은 우선 수취여부가 불확실한 선수금의 환위험을 헤지하기로 결정하고 현재의 환율을 행사가격으로 하는 풋옵션(sell USD & buy KRW)을 매입하는 방안과 선물환(USD/KRW)을 매도하는 방안을 검토하였다.

- 옵션금액 : 1,000,000USD
- 옵션행사일 : 6개월 후 지정일(European 방식)
- 행사가격(USD/KRW) : 1,000.0
- 선물환율(USD/KRW) : 1,006.6
- 프리미엄 : 10,000USD

6개월이 지난 후 A기업은 풋옵션을 매입했다면 공사의 낙찰 여부와 관계없이 다음 표에서 보는 것처럼 그때의 현물환율과 행사가격을 비교해서 권리를 행사할 것인지 여부를 결정할 수 있어 유연하게 손익을 관리할 수 있다.

그러나 선물환을 매도하는 방안을 채택했다면 만기에 계약을 이행해야 하므로 낙찰을 받지 못하고 환율이 상승하면 큰 손실을 볼 수 있어 결과적으로 환투기를 한 셈이 된다.

(단위 : USD)

	낙 찰		탈 락	
	풋옵션매입	선물환매도	풋옵션매입	선물환매도
환율상승 (+50원)	+37,619[1] (행사 포기)	-41,333[2] (기회손실)	-10,000 (행사 포기)	-41,333 (실현손실)
환율하락 (-50원)	+42,631[3] (행사)	+35,684[4] (기회이익)	+42,631 (행사)	+35,684 (실현이익)

주 : 1) 1,000,000USD×(1,050.0－1,000.0)/1,050.0－10,000USD
2) 1,000,000USD×(1,050.0－1,006.6)/1,050.0
3) 1,000,000USD×1,000.0/950.0－10,000USD
4) 1,000,000USD×(1,000.6－950.0)/950.0

3. 통화옵션가격의 결정

3-1. 가격의 구성

통화옵션의 가격, 즉 프리미엄은 크게 옵션 자체가 지니고 있는 내재가치(intrinsic value)와 시간가치(time value)로 구성된다. 내재가치는 매입자가 즉시 권리를 행사한다고 가정할 경우 발생하는 이익으로 행사가격과 계약할 때 현물환율의 차가 된다. 예를 들어, 행사가격(USD/KRW)이 1,000.0원인 콜옵션은 현재 시장의 환율이 1,100.0원이라면 내재가치는 달러당 100.0원이 된다.

이와 같이 즉시 권리를 행사하고 반대거래를 하여 환차익을 실현할 수 있는 옵션을 내가격(in-the-money)옵션이라 하고, 행사가격과 시장의 환율이 같아 권리를 행사해도 환차익이 없는 옵션을 등가격(at-the-money)옵션이라고 부른다. 그리고 약정한 행사가격으로 권리를 행사하는 것이 시장의 환율로 거래하는 것보다 불리한 옵션을 외가격(out-of-the-money)옵션이라고 한다.

그러므로 내가격옵션의 매입자는 권리를 바로 행사하더라도 아무런 위험없이 환차익을 얻을 수 있기 때문에 그만큼 매도자에게 가격을 더 지급해야 한다. 그러므로 내가격옵션의 가격이 등가격 및 외가격옵션의 가격보다 클 수밖에 없다.

통화옵션의 가격은 내재가치뿐만 아니라 시간가치에 의해서도 크기가 달라진다. 시간가치에서는 계약기간 동안 환율이 얼마나 크게 변동될 것으로 예상되는지가 가장 중요한 결정요인이다. 옵션가격의 내재가치와 시간가치의 관계는 [그림 3·6]과 같다. 즉, 내가격옵션은 내재가치가 정(+)이므로 시간가치는 등가격옵션의 것에 비해 작고 내가격의 정도가 커질수록 시간가치는 점점 줄어들어 만기에는 영(zero)이 된다. 또한 외가격옵션은 내재가치가 없고 시간가치가 옵션가격의 전부가 된다.

[그림 3·6] 통화옵션가치의 구성

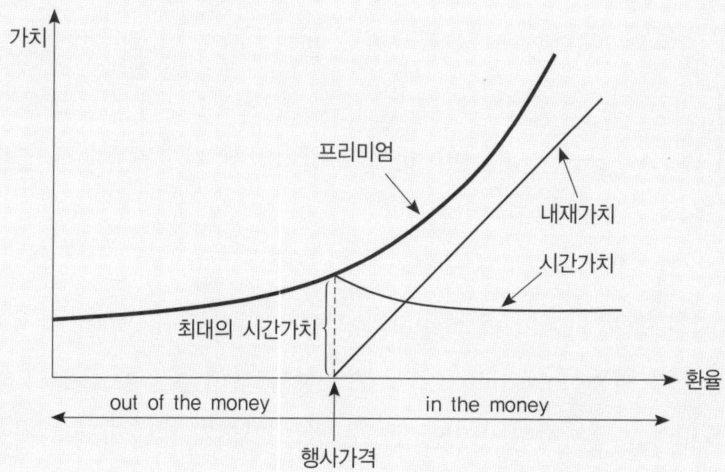

3-2. 가격의 결정요인

통화옵션의 가격은 현물환율과 행사가격의 차, 계약기간, 그리고 계약기간 중 환율과 금리차의 변동성에 의해 결정된다고 보고 있으며 이외에 시장에서의 수요와 공급도 영향을 미친다.

현물환율(spot rate)이 가격에 미치는 영향은 행사가격과의 상대적인 크기에 의하여 결정된다. 즉, 앞에서 본 바와 같이 내가격인지 또는 외가격인지에 따라 가격의 크기가 달라진다.

계약기간(time to expiration)은 길면 길수록 통화옵션의 매입자에게 유리한 방향으로 환율이 움직일 가능성이 커지므로 가격은 커지게 마련이며 계약기간이 짧으면 시간가치는 줄어들어 만기에는 내재가치만 남게 된다. 이러한 시간가치는 일반적으로 계약기간의 경과에 정비례하지 않고 제곱근($\sqrt{\ }$)에 비례하므로 만기일에 가까워올수록 급속히 체감하는 것으로 보고 있다.

계약기간 동안 환율이 어느 정도 움직일 것인지를 예상하는 측정지표가 환율의 변동성(volatility)이다. 변동성이 크면 클수록 옵션의 매입자가 권리를 행사하여 이익을 볼 수 있는 기회가 많아지므로 가격은 커진다. 환율의 변동성은 단순히 환율이 상승할 것인가 또는 하락할 것인가 하는 변동의 방향이 아니라 변동폭에 대한 예상치를 말한다. 변동성이 크다는 것은 옵션을 매도한 측이 보다 큰 환위험을 부담할 것이 예상된다는 것을 의미하므로 매입자는 매도자에게 그만큼 가격을 더 지급하여야 한다.

환율의 변동성은 이처럼 주관적인 요소이므로 예측방법에 따라 크기가 달라지는데 일반적으로 과거 일별 변동률에 대한 표준편차로 측정하거나(historical volatility) 금융선물거래소에서 수요와 공급에 의하여 자유롭게 결정되는 통화옵션가격에 내재된 변동성(implied volatility)을 역으로 추정하여 사용하기도 한다.[21)]

옵션의 행사에 따라 주고받게 될 양 통화의 금리차(interest differential)가 계약기간 동안 얼마나 변동할 것인가에 따라서 가격의 크기가 달라진다. 환율이 불변이라는 가정 하에 일정기간 후 수입대금을 결제하기 위해 USD매입/KRW매도가 필요한 수입업체라면 미리 KRW를 차입하여 이를 대가로 USD를 매입하고 수입대금을 지급할 시점까지 투자하였다가 그 때 가서 이를 회수하여 사용하거나 현재시점에서 콜옵션을 매입하는 2가지 방안을 생각해 볼 수 있다.

만약 계약기간 중에 USD금리에 비해 KRW금리가 더 상승하거나 역으로 KRW금리에 비해 USD금리가 더 하락하여 금리차가 커질 것으로 예상된다면 USD를 보유하는 데 드는 비용이 상대적으로 늘어나므로 콜옵션을 매입하는 것에 비해 불리해진다. 그러므로 상대적으로 유리해진 콜옵션을 선호하게 되어 가격은 상승하고, 반대로 금리차가 축소될 것으로 본다면 가격은 하락하게 된다.

---

21) 통화옵션시장에서는 옵션가격에 반영된 환율의 변동성보다 앞으로 그 변동성이 더 클 것으로 예상하는 경우에는 콜옵션과 풋옵션을 매입하여 합성하는 방식(long straddle)으로, 옵션가격에 반영된 변동성이 과대하다고 보는 경우에는 콜옵션과 풋옵션을 매도하여 합성하는 방식(short straddle)으로 변동성을 대상으로 트레이딩을 하는 거래가 매우 활발하다.

[그림 3·7] 통화옵션가격의 결정요인

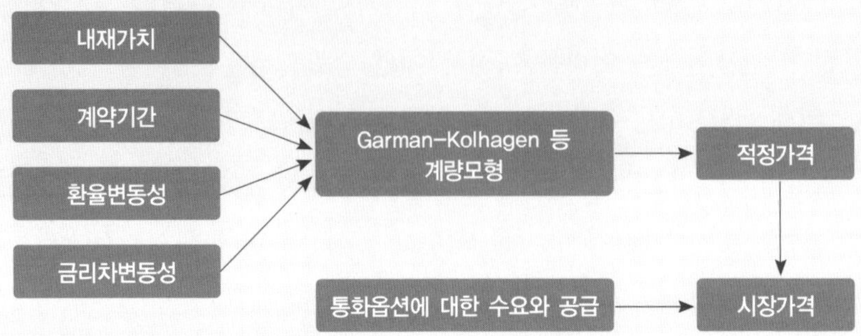

사례 3·5 통화옵션가격의 구성(예)

B은행은 다음과 같은 조건의 1년물 콜옵션을 매도하는 가격(프리미엄)으로 6.07%(73.2원)를 고시하였다.

- 현물환율(USD/KRW) : 1,206.0
- 행사가격(USD/KRW) : 1,215.0
- 스왑포인트(1년물, 원) : 8.0－11.0
- 환율변동성(연, %) : 14.31－15.30
- 옵션행사 : European 방식

이 콜옵션가격의 내재가치는 선물환율 1,217.0원(1,206.0+11.0)에서 행사가격(1,215.0원)을 뺀 2.0원으로 현물환율의 0.17%이다. 시간가치는 환율의 변동성이 15.30%일 때 앞으로 환율이 변동하여 행사될 수 있는 가치로

71.2원(73.2－2.0)이며 현물환율의 5.90%에 해당한다는 것이다. 따라서 콜옵션 매도의 가격은 내재가치(0.17%)와 시간가치(5.90%)를 합하여 6.07%가 된다.

[그림 3·8] 통화옵션가격의 고시와 읽기

은행은 통화옵션의 가격 대신 변동성(volatility)과 행사가격이 동일한 콜옵션과 풋옵션의 변동성의 차, 즉 리스크 리버설(RR, risk reversal)을 주로 고시한다.

GRAB　　　　CurncyTFSP
Launchpad에 표시:200<GO>
17:07 USDKRW　　　　PAGE 1 / 1

Term	ATM Bid	ATM Ask	25D RR Bid	25D RR Ask	25D BF Bid	25D BF Ask	10D RR Bid	10D RR Ask	10D BF Bid	10D BF Ask	Time
1 W	10.05	12.05	1.40	5.40			3.30	9.30			16:05
1 M	11.50	12.50	2.75	4.75			5.10	9.10	1.17	3.17	16:05
2 M	12.40	13.40	3.00	5.00	0.30	1.30	5.85	9.85	1.50	3.50	16:25
3 M	12.95	13.95	3.25	5.25			3.25	5.25	1.90	3.90	16:25
6 M	14.10	15.10	3.90	5.90			3.90	5.90	2.67	4.68	16:05
1 Y	14.45	15.45	4.65	6.65	0.82	1.83	10.30	14.30	3.60	5.60	9:43

은행이 고객으로부터 등가격 통화옵션(at-the-money)을 매입할 때 1년물의 변동성이 14.45%이고 고객에게 매도할 때는 15.45%라는 것으로, 이를 기초로 고객의 요구에 따라 통화옵션 가격을 산출한다.

은행이 고객으로부터 옵션 델타가 25%인 등가격 통화옵션의 리스크 리버설을 매입(콜옵션 매입＋풋옵션 매도)할 때 콜옵션을 풋옵션보다 4.65%의 변동성에 해당하는 가격만큼 비싸게 매도하고 고객에게 리스크 리버설을 매도(콜옵션 매도＋풋옵션 매입)할 때는 콜옵션을 풋옵션보다 6.65%의 변동성에 해당하는 가격을 더해 매도하겠다는 뜻이다.

3-3. 통화옵션가격과 선물환율의 관계

통화옵션과 선물환은 서로 다른 상품이지만 이들의 가격은 서로 밀접히 연결되어 있다. 유럽식의 콜옵션 매입과 풋옵션 매도를 합성하면 다음의 [그림 3·9]에서 보는 것처럼 선물환을 매입한 것과 같게 되며, 반대로 콜옵션 매도와 풋옵션 매입을 합성하면 선물환을 매도한 것과 같아진다.

그러므로 콜옵션을 매입할 때 지급한 가격(C)과 풋옵션을 매도할 때 수취하는 가격(P)의 차에다 시간가치인 금리(I)를 감안하면 계약만기의 선물환율(F)과 행사가격(K)의 차와 서로 동일해야 이들 상품 간에 재정거래(arbitrage)가 발생하지 않는다. 즉, $(C-P)\times(1+I)=(F-K)$가 성립해야 균형이 이루어진다.

[그림 3·9] 통화옵션의 합성과 선물환의 효과

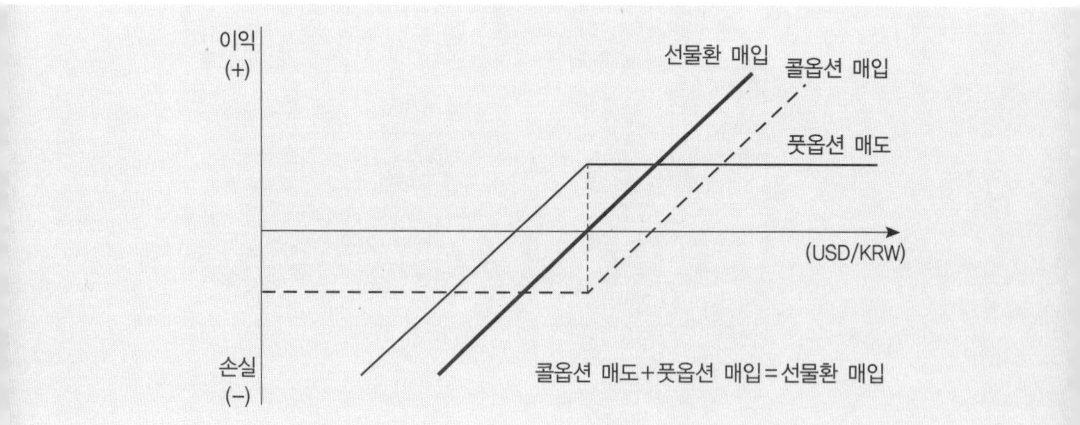

만약 $(F-K)-(C-P)\times(1+I)>0$인 상태라면 선물환의 매입보다 콜옵션의 매입과 풋옵션의 매도를 합성한 거래에 소요되는 비용이 저렴하므로 그 차익을 노리는 합성거래의 수요가 늘어나 'C 상승 · P 하락'에 의해서, 반대로 $(F-K)-(C-P)\times(1+I)<0$이면 선물환의 매입수요가 증가해 'F 상승'으로 각각 재정거래 유인이 없어지게 될 것이다.

따라서 선물환율(F)과 행사가격(K)이 같다면 동일한 통화를 대상으로 하는 콜옵션과 풋옵션의 가격, 즉 프리미엄이 일치하게 되는데 이를 콜 · 풋 평가(平價, call-put parity)라고 부르며 이때 통화옵션시장과 선물환시장은 서로 균형을 이룬다고 본다.

참고 6 통화옵션가격의 결정모형

통화옵션의 가격을 결정하는 모형으로는 주식옵션의 블랙-숄즈(Black-Sholes) 모형을 배당이 없는 외환거래에 맞추어 재구성한 가먼-콜하겐(Garman-Kolhagen) 모형(1983)이 대표적인 것으로 알려져 있다.

동 모형은 콜 · 풋 평가관계에서 언급한 바와 같이 계약만기일의 선물환율(F)과 행가격(K)의 차가 콜옵션(European)의 가치로 그 가치의 기대값을 현재가치(Present Value)로 할인한 것 즉, $PV[F\times N(d_1)-K\times N(d_2)]$이 콜옵션의 가격이라는 데서 출발하고 있다. 여기서 $N(d_1, d_2)$은 누적정규밀도함수(cumulative normal distribution function)로 만기에 나타날 수 있는 수많은 선물환율의 로그값에 대한 확률분포 중에서 F>K인 조건(옵션이 정의 값을 갖는)을 충족시키는 확률분포의 기대치를 말한다.

가먼-콜하겐 모형은 위의 기본식에서 금리변동의 위험을 제거하기 위해 로그값을 취한 무위험 금리(e^{I})를 사용하여 현재가치를 구한 다음 금리평가식에 따라 선물환율(F)을 현물환율(S)로 바꾼 것으로 다음과 같은 결과가 도출된다. 즉, 콜옵션 가격(C)$=S \cdot e^{-I_{USD}} \cdot N(d_1) - K \cdot e^{-I_{KRW}} \cdot N(d_2)$이 되고, 이를 기본으로 콜·풋 평가식에 의해 풋옵션 가격을 구하면 풋옵션 가격(P)$=K \cdot e^{-I_{KRW}} \cdot N(-d_2) - S \cdot e^{-I_{USD}} \cdot N(-d_1)$이 된다.

$$d_1 = \frac{\ln(S/K) + \left[(I_{KRW} - I_{USD}) + \frac{\sigma^2}{2}\right] \cdot T}{\sigma\sqrt{T}}$$

$$d_2 = d_1 - \sigma\sqrt{T} \quad (T:\ \text{기간})$$

가먼-콜하겐 모형은 기본적으로 유럽식 통화옵션의 프리미엄을 결정하는 모형이다. 그러므로 미국식 통화옵션의 프리미엄은 이보다 약간의 가치를 더 갖는다. 그리고 이 모형은 환율과 금리가 연속적으로 변하여 그 로그값이 정규분포를 이룬다고 가정하고 있기 때문에 이 요인들이 급작스럽게 변동할 때는 적용하는 데 한계가 있다.

4. 통화옵션가격의 헤지방법

이미 설명한 대로 통화옵션을 매도하면 대가(프리미엄)를 받는 대신 매입자가 옵션을 행사할 경우 시장의 환율변동에 따라 때로는 큰 손실을 안게 된다. 이러한 위험에서 벗어나기 위하여 매도한 측, 주로 은행은 거래조건이 같은 통화옵션을 매입하여 서로 대응시키고 양 프리미엄의 차만 얻는 방법을 이용할 수도 있으나 구조가 매우 다양한 통화옵션거래의 상대방을 찾기가 쉽지 않다.

그러므로 시장의 조성자인 은행은 이러한 방법대신 가격(프리미엄)을 고시할 때 이용하였던 계량적인 방법을 통해 거래한 옵션의 가격변동 위험을 헤지하는 간접적인 방식을 사용하고 있다. 즉, 은행은 고객과 거래한 통화옵션을 합산하여 순위험 포지션을 산출해낸 다음 이에 대한 헤지비율을 측정한다. 그리고 이 비율에 따라 시장에서 현물환을 매입 또는 매도하여 고객과 거래한 통화옵션의 가격이 변동하여 행사될 위험을 체계적으로 헤지하고 있다. 시장에서는 이를 옵션북(option book)을 운영한다고 말한다.

통화옵션가격의 변동위험을 헤지하는 데 사용하는 지표는 여러 가지가 있다. 그 중에서 가격에 가장 큰 영향을 미치는 현물환율의 변화($\triangle S$)에 대한 가격의 변화($\triangle C$ 또는 $\triangle P$), 즉 현물환율의 변동에 대한 가격의 민감도를 나타내는 지표를 흔히 사용하고 있는데, 이를 델타

(option delta)라고 한다.[22] 콜옵션의 델타(δ)는 정(+)으로 0과 +1 사이의 값을, 그리고 풋옵션의 델타는 부(−)로 0과 −1 사이의 값을 각각 갖는다. 예를 들어, 콜옵션의 델타가 0.25(25%)로 측정되었다면 매도한 콜옵션이 만기에 내가격(in-the-money)으로 끝나서 행사될 확률이 25%라는 것을 의미한다. 그러므로 콜옵션을 1백만 달러 매도한 은행은 25만 달러(0.25×1,000,000USD)를 매입하고, 풋옵션의 델타가 −0.25(−25%)이었다면 이를 매도한 은행은 반대로 25만 달러를 매도하면 델타가 영(zero)이 되어 그 옵션이 행사될 위험에 대비할 수 있다는 것이다.

이렇게 델타가 영이 되어 거래한 통화옵션포지션의 손익이 현물환율의 변동에 의해 영향을 받지 않는 중립적인 상태(delta neutral)가 되었다 하더라도 현물환율이 변동하면 델타 그 자체가 변동하기 때문에 이에 따라 수시로 헤지포지션을 조정해야 하므로 번거롭고 비용이 수반된다.

그러므로 은행들은 현물환율의 변화($\triangle S$)에 대해 델타($\triangle\delta$)가 변화하는 비율(gamma)을 측정하고 이에 따라 추가로 헤지하는 방법을 사용

22) 통화옵션가격의 변동위험을 측정하는 그리스문자 지표(Greek-letter risk measures)로 여기서 설명하는 델타와 감마 이외에 잔여기간의 변동에 대한 가격의 변화를 측정하는 쎄타(theta), 환율의 변동성 변화에 대한 가격의 변화를 측정하는 베가(vega) 및 금리의 변화에 대한 가격의 변화를 나타내는 로우(rho)가 있다.

한다. 델타가 상하 일정한 범위 내에서만 변동하면 감마(γ)는 움직이지 않기 때문에 안정적이다. 그러므로 감마를 사용하면 헤지포지션을 수시로 조정하지 않아도 된다.[23)] 실제로 은행들은 고객과 거래한 통화옵션에 대해 행사가격이 다른 합성된 통화옵션을 거래하여 먼저 감마가 영이 되도록 포지션을 만든 다음 측정된 델타에 따라 현물환을 매입 또는 매도하여 델타도 영으로 만드는 방법을 사용하기도 한다.

이와 같이 은행들은 고객과 거래한 통화옵션의 가격변동 위험을 헤지하는 과정에서 현물환을 매입하거나 매도하게 되므로 이로 인해 시장의 환율변동에 영향을 미친다. 특히, 은행들이 과도하게 통화옵션 포지션을 한쪽 방향으로 보유하고 있는 상태에서 환율이 급격하게 변동

[표 3·9] 통화옵션거래와 환율의 변동방향

은행의 거래	콜옵션	풋옵션
매도 (헤지방향)	환율 상승 (현물환 매입)	환율 하락 (현물환 매도)
매입 (헤지방향)	환율 하락 (현물환 매도)	환율 상승 (현물환 매입)

주: 계약할 때를 기준으로 한 것이며 계약기간 동안에는 델타 및 감마의 변동에 따라 추가로 환율이 변동하게 된다.

23) 통화옵션의 가격(프리미엄)은 [그림 3·6]에서 본 것과 같이 선형이 아니라 곡선이고 델타는 그 기울기(1차 미분)이므로 현물환율의 변화에 따라 크기가 달라진다. 이러한 성격 때문에 가격선의 곡률(curvature)인 감마(2차 미분)에 의해 추가로 헤지를 하여야만 가격의 변동위험을 헤지할 수 있다.

할 때는 헤지비율도 함께 크게 움직이므로 예상치 못한 외환매매가 발생하여 환율의 변동폭을 확대시키는 요인이 되고 있다.

참고 7 최근 통화옵션의 거래유형과 KIKO의 구조

통화옵션이 여러 가지 유리한 점을 갖고 있으면서도 선물환과 같이 기업들이 손쉽게 이용하지 않고 있는 이유는 프리미엄이 상당히 크고 거래할 때에 먼저 지급하여야 할 뿐만 아니라 상품구조가 다소 복잡하다는 데 있다.

이러한 단점을 보완하기 위해 은행들은 프리미엄이 없으면서도 환율이 불리하게 변동할 때에는 선물환과 같이 환위험을 어느 정도 헤지할 수 있고 동시에 유리하게 변동할 때에는 일정한 수준의 환차익도 얻을 수 있도록 풋·콜과 매입·매도를 다양하게 결합한 상품(zero-cost option)을 개발하였다. 그리고 구조가 복잡하다는 인식을 주지 않기 위해 선물환(forward)이라는 명칭을 주로 사용하고 있다. 최근 통화옵션시장에서는 이러한 상품이 주류를 이루고 있는데 range forward, target forward, enhanced forward, participation forward, seagull 등을 예로 들 수 있다.

우리나라에서 2006년부터 거래가 크게 늘어난 knock-in knock-out target forward(KIKO)도 이러한 상품 중의 하나이며 환율이 하락할 때 유리하도록 설계된 상품이다. 그러므로 오랫동안 하락추세를 보여 왔던 환율(USD/KRW)이 2008년 들어 단기에 가파르게 상승하면서 이를 거래한 기업들이 큰 손실을 보게 되었고 이 때문에 KIKO를 거래한 기업과 은행 간에 분쟁이 벌어졌다.

KIKO는 기업이 은행으로부터 풋옵션을 매입하되 계약기간 동안 한 번이라도 시장의 환율이 하단(barrier)을 하회하면 옵션이 소멸(knock-out)되고, 한 번이라도 상단(barrier)을 상회하면 계약금액의 2~3배에 해당하는 콜옵션 매도(약정환율로 은행에게 매도)가 발효하도록(knock-in) 설계되어 있었다. 그러므로 환율이 하락할 때는 기업에게 유리하지만 상승할 때에는 크게 불리하다.

즉, 아래 그림(예)에서 보는 것처럼 KIKO를 계약한 기업은 ①구간에서 환차손에 노출되지만, ②구간에서는 약정환율로 매도하므로 시장환율과의 차만큼 환차익이 생긴다. 그리고 ③구간에서는 시장환율로 매도하므로 손익이 발생하지 않는다. 그러나 환율이 상승하는 ④구간에서는 계약금액(2~3배) × (시장환율－약정환율)의 환차손이 발생한다.

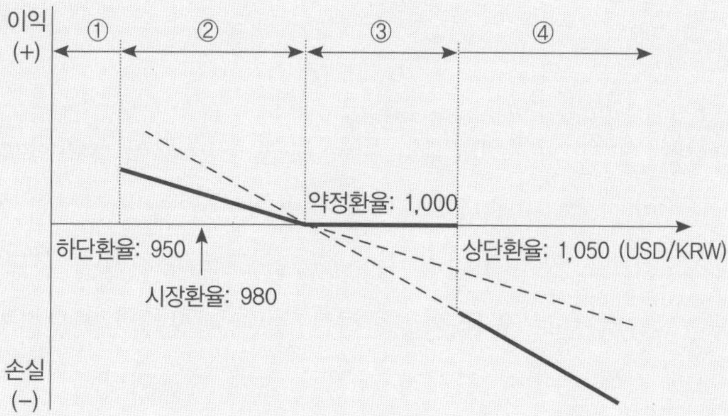

제4절 통화스왑

1. 기본 구조

통화스왑(cross currency swap)은 일정기간 동안 서로 다른 통화의 현금흐름을 바꾸는 거래이다. 어떤 자산이나 부채의 통화를 다른 통화로 바꾸기 위해서는 원금뿐만 아니라 금리도 바꾸어야 한다. 그러므로 통화스왑은 ① 계약을 맺은 후 초기의 원금교환, ② 계약기간 동안의 주기적인 이자교환 및 ③ 계약만기의 원금 재교환의 3단계로 이루어진다.

통화스왑을 계약하고 2영업일이 되는 날에 서로 다른 통화의 원금을 처음 교환(initial exchange)한다. 이때 적용하는 환율은 시장의 현물환율이다. 그러므로 경우에 따라서는 원금을 교환하지 않을 수도 있다. 왜냐하면 현물환율로 원금을 교환하는 것은 시장에서 현물환거래를 하는 것과 같아 특별한 경제적 가치가 없기 때문이다.

예를 들어, A기업과 B은행이 통화스왑계약을 체결하고 거래를 시작하는 날에 현물환율(USD/KRW) 1,000.0원으로 각각 1,000USD와 1,000,000.0원의 원금을 주고받는 것과 이들이 시장에서 현물환율로 각각의 통화를 매매하는 것이 다를 바가 없다. 더욱이 이미 오래전부터 보유하고 있던 외화자산이나 부채의 환위험을 헤지할 목적이어서 원금을 교환할 필요가 없다면 번거롭게 현물환율로 원금을 교환한 후 이를 다시 매매하는 절차를 거치는 것보다 명목적으로만 원금을 교환하는 것이 훨씬 더 간편하다.

계약기간 동안에는 6개월마다 서로 바꾸어 갖게 된 통화의 이자를 교환한다. 이때 금리의 형태는 양통화의 금리가 모두 변동금리이거나 고정금리인 경우와 한 통화는 변동금리이고 다른 통화는 고정금리인 세 가지가 있다.[24] 이 중에서 가장 많이 거래되고 있는 유형은 변동금리인 LIBOR(USD, 6개월물)와 다른 통화의 고정금리를 교환하는 것이다. 그리고 서로 다른 통화의 이자를 교환하는 것이므로 차액만을 결제하지는 않는다.

통화스왑의 만기가 되면 처음 원금을 교환할 때 적용했던 환율로 다시 원금을 교환한다. 이는 계약기간 동안 주기적으로 이자를 교환했으므로 처음에 적용했던 환율로 원금을 다시 교환해야 [사례 3·6]에서 보는 것처럼 양통화의 경제적 가치가 같아지기 때문이다.

24) 국제금융시장에서는 변동금리 대 변동금리의 통화스왑을 cross currency basis swap, 고정금리 대 고정금리의 통화스왑을 currency swap, 고정금리 대 변동금리의 통화스왑을 cross currency swap이라고 각각 부른다.

2. 외환스왑과의 관계

통화스왑은 제1절에서 설명한 외환스왑과 현금의 흐름은 기술적으로 다르지만 경제적 가치는 똑같은 상품이므로 외환스왑의 중장기 형태가 통화스왑이라고 보면 된다. 즉, 외환스왑은 계약만기에 원금과 누적된 이자의 차를 합하여 이를 환율로 환산한 선물환율로 서로 다른 통화를 한 번 교환함으로써 거래가 종료된다. 이에 비해 통화스왑은 원금과 이자를 각각 분리하여 주기적으로 교환한다는 점에서 서로 다르다. 그렇지만 [사례 3·6]에서 보는 것과 같이 계약기간이 같다면 두 상품의 경제적 가치는 동일하다.

사례 3·6 통화스왑과 외환스왑의 경제적 가치(예)

A기업은 B은행과 외환스왑과 통화스왑을 각각 체결하고 1년 후 USD를 지급하고 원화를 받기로 하였다(buy & sell). 초기에는 원금을 교환하지 않고 통화스왑의 이자교환은 계약만기에 한 번만 이루어진다고 가정하였다.

- 교환원금(명목) : 1,000USD
- 현물환율(USD/KRW) : 1,000.0
- 금리(연%)

  LIBOR(USD,1년물) : 1.78－1.93

  CD(KRW, 1년물) : 3.02－3.04
- 선물환율(USD/KRW) : 1,010.9

  [1,000.0＋1,000.0×(3.02%－1.93%)＝1,010.9]

1년 후 계약만기에 A기업은 외환스왑을 통해 B은행에 1,000USD를 매도하고 1,010,900.0원을 받았다. 그리고 통화스왑에서는 이자로 30,200.0원을 받고 19USD를 지급하는 한편 원금으로 1,000USD를 주고 1,000,000.0원을 받았다.

	수 취(원)	지 급(USD)	경제적 가치
외환스왑	1,010,900 .0	1,000	1,010.9(선물환율)
통화스왑	1,030,200.0	1,019	1,010.9(교환환율)
(원금)	1,000,000.0	1,000	
(이자)	30,200.0	19	

거래결과 통화스왑과 외환스왑의 현금흐름(수취와 지급)은 차이가 있었지만 외환스왑의 선물환율과 통화스왑에서 원금과 이자를 합한 현금흐름의 교환환율은 동일하였으므로 경제적 가치는 서로 같다고 말할 수 있다.[25)]

3. 거래의 활용

국제금융시장에서 통화스왑은 초기에 국제무역의 비교우위론에 근거하여 차입비용을 절감하기 위한 기법으로 개발되었다. 그렇지만 우리나라에서는 그보다 기관투자가들이 포트폴리오를 외화자산으로 확대

25) 외환스왑의 기간이 1년을 넘는다면 복리로 계산한 누적금리차로 선물환율을 산출하면 통화스왑과 경제적 가치가 같아지게 된다.

하여 운용할 때나 제5장에서 설명하는 것처럼 비거주자와 외국계금융기관들이 채권시장과 연계시켜 커버된 금리재정거래를 할 때 환위험을 헤지하는 수단으로 많이 활용하고 있다. 그리고 은행들은 제1절 선물환에서 설명한 것처럼 고객과의 장기선물환 포지션을 커버하는 데에도 통화스왑을 많이 이용하고 있다.

3-1. 차입비용의 절감

금융시장이 불완전하여 접근성에서 차이가 나는 차입자들이 각자 비교우위가 있는 통화로 자금을 차입하고 통화스왑을 통해 서로 자금의 흐름을 바꾸면 [사례 3·7]에서 보는 것처럼 차입비용을 절감할 수 있다.

사례 3·7 비교우위에 의한 차입비용 절감(예)

미국의 A기업은 우리나라의 기업을 M&A하기 위해 고정금리로 5년 동안 100억 원을 차입하여야 한다. 그러나 국내에서 직접 원화자금을 차입할 경우 외환당국의 승인을 받아야 하고 시장에서 인지도가 낮기 때문에 가산금리가 높을 뿐만 아니라 환위험도 따른다. A기업이 시장에서 조사한 조달금리는 USD가 LIBOR+10bp이고 원화는 국고채수익률(T)+100bp이었다.

한편 국내의 B은행은 C기업에게 변동금리로 외화대출을 해주기로 하고 이에 소요되는 외화자금(1천만 USD)을 해외에서 차입하고자 하지만 글로벌 금융위기를 겪으면서 소위 Korean Premiun이 확산되어 가산금리가 여전히 높아 어려움을 겪고 있다. B은행의 조달금리는 원화가 T+50bp이고 USD는 LIBOR+30bp이었다.

A기업과 B은행은 이러한 사실을 서로 알고 각자 비교우위가 있는 자국의 금융시장에서 자금을 차입한 다음 통화스왑을 통해 필요한 자금으로 바꾸어 사용하기로 하고 다음과 같은 방식으로 거래를 하였다.

① 차입 및 계약 후 원금교환

- 현물환율(USD/KRW) : 1,000.0

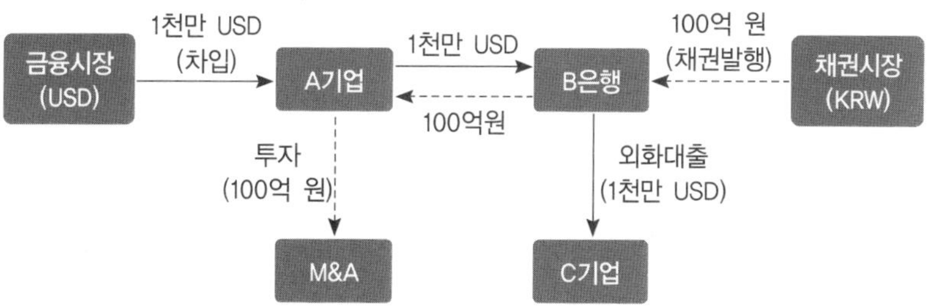

② 계약기간 중 6개월마다 이자교환

- 통화스왑금리 : T+60bp(고정)

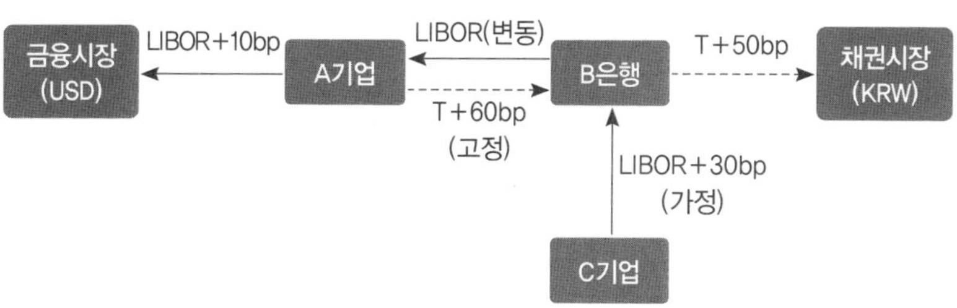

③ 계약만기의 원금 재교환 및 차입금 상환

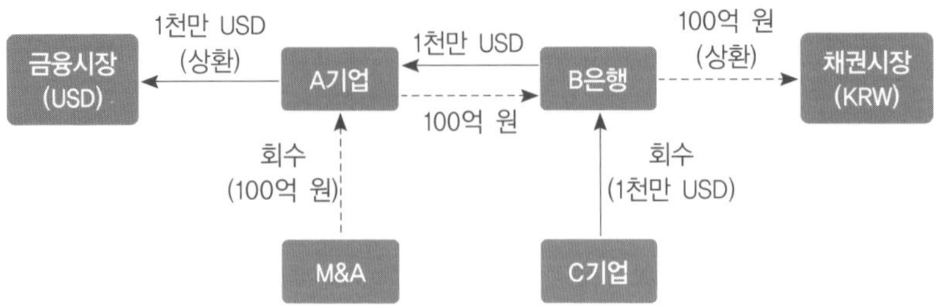

위와 같이 통화스왑거래를 한 결과 미국의 A기업은 직접 원화자금을 차입하였을 때보다 [(원화 40bp)−(USD10bp)]만큼의 이자비용을 절감할 수 있었고 국내의 B은행은 해외에서 외화자금을 차입해올 때보다 [(USD30bp)+(원화10bp)]의 수익을 더 올릴 수 있었다.[26)]

	고정금리 (원화)	변동금리 (USD)	통화스왑		비용절감 또는 수익
			지급	수취	
A기업	T+100bp	L+10bp	T+60bp	L	(원화40bp) −(USD10bp)
B은행	T+50bp	L+30bp	L	T+60bp	(USD30bp) +(원화10bp)

주: T는 국고채수익률(5년물)을, L은 LIBOR(6개월물)를 각각 표시한다.

26) 국고채수익률(원화)과 LIBOR(USD)는 통화와 크기가 다르기 때문에 국고채수익률 10bp와 LIBOR 10bp의 가치는 서로 다르다. USD 1bp의 가치가 원화 몇 bp에 해당하는지를 나타내는 비율(conversion factor)은 현물환율을 기준으로 시장금리에 의해 할인하는 방법을 사용하여 계산하는데 그 과정이 복잡하다. 그러므로 시장에서는 통신에 고시되어 있는 비율을 그대로 사용하고 있다.

3-2. 포트폴리오투자의 환위험 헤지

국내의 기관투자가나 해외의 비거주자가 해외 및 국내 증권에 투자할 때 환위험의 헤지는 단기거래의 경우 제1절에서 설명한 것과 같이 외환스왑을 이용하고, 장기거래는 주로 통화스왑을 활용한다. 특히, 국내의 생명보험회사나 연·기금과 같은 기관투자가들은 부채인 보험금과 연금을 장기에 걸쳐 지급해야 하는 기간구조를 갖고 있으므로 이에 맞추어 자산을 운용하기 위해서는 평균만기(duration)가 긴 자산에 투자해야 한다.

그러나 국내금융시장에는 이들의 자산규모에 비해 상대적으로 신용등급이 높고 만기가 긴 채권과 같은 금융자산의 물량이 많지 않기 때문에 해외자산으로 포트폴리오를 확대하여 운용하게 된다. 이때에는 환위험에 노출되므로 이를 헤지하기 위해 [사례 3·8]과 같이 통화스왑을 이용한다.

사례 3·8 보험회사의 해외채권투자(예)

A보험회사는 B은행과 통화스왑계약(buy & sell)을 체결하고 B은행으로 부터 외화자금을 받아서 해외채권에 투자하였다. B은행은 A보험회사로부터 받은 원화자금으로 국내채권에 투자하여 계약기간 동안 운용하고 원금을 교환하는 데 필요한 외화자금은 해외에서 차입해 왔다.

① 차입 및 계약 후 원금교환

- 현물환율(USD/KRW) : 1,000.0

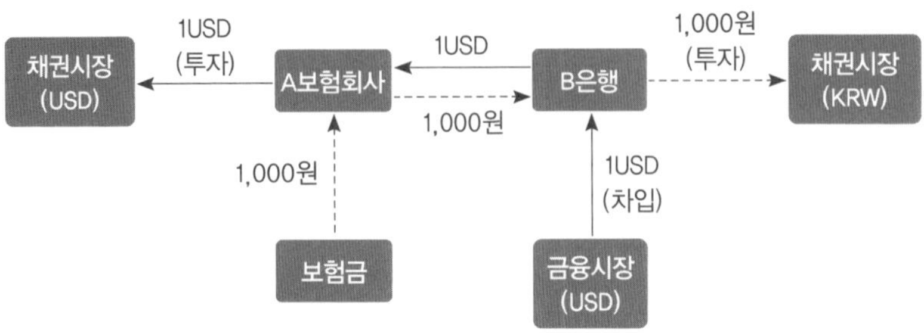

계약기간 동안에는 6개월마다 투자한 데서 얻는 수익으로 서로 이자를 교환했다. 이때 통화스왑금리는 LIBOR(flat) 대 고정금리(원화)로 A보험회사는 고정금리의 해외채권에 투자를 했기 때문에 변동금리인 LIBOR를 지급하기 위해 C은행과 별도로 이자율스왑계약을 맺어 해외투자로부터 받은 고정금리(USD)를 LIBOR로 바꾸고 이것으로 통화스왑계약을 맺은 B은행에 지급했다.

② 계약기간 중 이자교환

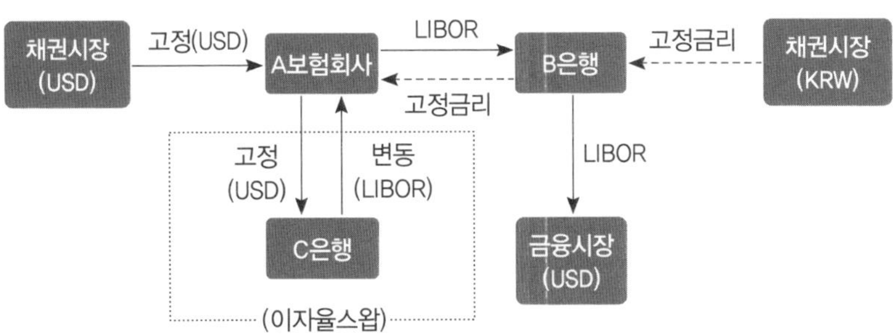

만기에 A보험회사는 외화로 투자한 자금을 회수하여 처음에 받았던 외화원금을 B은행에 돌려주고 당시의 환율로 원화원금을 다시 받게 됨으로써 거래는 마무리가 되었다.

③ 계약만기의 투자 회수 및 원금 재교환

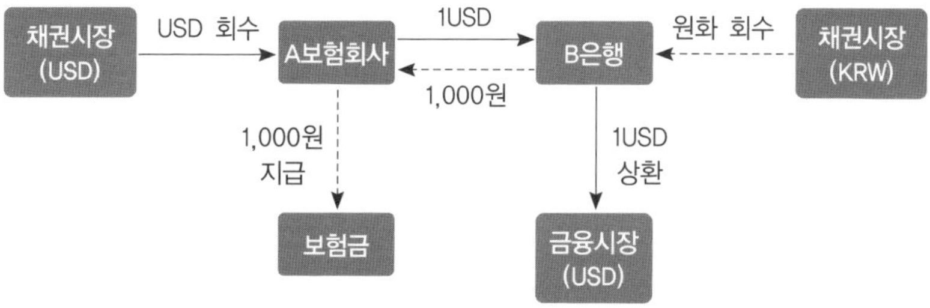

위와 같은 거래를 한 결과 A보험회사는 해외채권에 투자하면서도 국내의 채권에 투자하는 것과 같은 효과를 거두었으며(통화스왑 원화금리 수취) 투자상품의 수익률과 및 이자율스왑금리의 시세에 따라 추가로 이익을 볼 수 있는 기회를 갖게 되었다. 다만 최근에는 제4장에서 보는 것처럼 통화스왑금리가 국고채수익률을 크게 밑돌아 투자수익이 낮아졌기 때문에 이러한 거래에 대한 수요가 줄고 있다.

4. 통화스왑금리의 결정

통화스왑시장의 조성자인 은행들은 앞의 그림에서 본 것처럼 대고객 선물환포지션을 커버할 때와 마찬가지로 장기금융시장(capital market)을 통해 차입, 원금교환 및 투자의 과정을 거쳐 고객과 맺은 통화스왑의 현금흐름을 커버한다. 그러므로 스왑은행은 통화스왑금리(LIBOR에 대한 원화금리)를 결정할 때 동일한 만기의 국고채수익률을 기준으로 삼고 있으며 여기에 신용위험의 차, 즉 외화를 차입할 때 LIBOR에 대한 가산금리를 가감하고 이외에 시장의 수급사정도 반영하게 된다.

LIBOR는 AA등급(S&P사의 신용등급 기준)인데 비해 국고채는 현재 A등급이므로 그 차, 즉 우리나라 신용위험(country risk)과의 차에 해당되는 가산금리를 빼주어야 한다. 이때 지표로는 외화외평채에 대한 CDS(credit default swap) 프리미엄[27)]이 주로 사용되고 있다.

그리고 국내은행은 국고채보다 신용등급이 더 낮으므로 그에 해당되는 가산금리를 추가로 차감해야 한다. 따라서 통화스왑금리는 우리나라의 경제여건이나 외화자금사정이 어려울 때 하락하고 반대로 좋아지면 상승하게 되는데, 특히 글로벌 금융위기 이후에는 은행의 외화자

27) 외화외평채에 대한 CDS 프리미엄은 계약기간 동안 외화외평채가 부도가 났을 경우 보장매입자(protection buyer)가 원금을 보상받는 조건으로 보장매도자(protection seller)에게 지급하는 신용위험에 대한 대가를 말한다.

금사정이 중요한 요인으로 작용하고 있다.

또한 다른 외환거래와 마찬가지로 시장수급도 통화스왑금리를 결정하는 데 큰 영향을 미치고 있다. 시장에서 LIBOR 지급/원화고정금리 수취의 통화스왑(buy & sell)에 대한 수요가 많아지면 통화스왑금리는 하락압력을 받게 된다. 은행들은 이미 설명한 대로 통화스왑으로 대고

[그림 3·10] 통화스왑금리 고시와 읽기

15:34 19OCT09 TULLETT PREBON KOREA
KOREAN WON SWAPS

	QRT/A365 KRW/KRW	SEMI/A365 KRW/USD	BASIS SWAPS
1 YR	3.630-3.590	1.850/0.850	-206/-246
2 YR	4.200-4.170	2.850/1.850	-164/-203
3 YR	4.430-4.400	3.500/2.500	-122/-161
4 YR	4.540-4.510	3.900/2.900	-93/-132
5 YR	4.620-4.590	4.050/3.050	-86/-125
7 YR	4.710-4.670	4.350/3.350	-64/-104
10YR	4.810-4.770	4.600/3.600	-49/-89
6 M	3.100-3.060	1.150/0.150	
9 M	3.360-3.330	1.500/0.500	
18 M	3.960-3.920	2.350/1.350	
6 YR	4.670-4.630	4.200/3.200	
8 YR	4.750-4.700	4.430/3.430	
9 YR	4.780-4.730	4.520/3.510	
11YR	4.820-4.780	4.610/3.610	
12YR	4.840-4.790	4.620/3.620	
15YR	4.850-4.810	4.630/3.630	
20YR	4.810-4.770	4.640/3.640	

USD LIBOR(6개월물, flat) 대 KRW 고정금리(6개월물)로 LIBOR는 1년을 360일로, 원화금리는 1년을 365일로 보고 이에 대한 경과일수(actual)로 이자를 계산한다.

금리를 고시하는 스왑은행을 기준으로 왼쪽은 bid rate를 오른쪽은 offered rate를 표시하고 있다. 이는 시장의 조성자인 스왑은행은 LIBOR를 지급하는 대가로 높은 원화금리를 수취하고 LIBOR를 수취하는 대신 낮은 원화금리를 지급하겠다는 것을 뜻한다.

객 장기선물환포지션을 커버하기 때문에 선물환시장의 수급이 통화스왑금리를 결정하는 데에도 영향을 미친다. 따라서 수출기업의 선물환매도가 늘어나면 통화스왑금리는 하락압력을 받게 된다.

5. 신용위험의 관리

스왑시장에 유동성을 공급하는 은행은 장기금융시장을 이용하여 포지션을 커버하므로 대차대조표에 자산과 부채가 크게 늘어날 뿐만 아니라 오랫동안 유지해야 하므로 자기자본에 대한 부담이 커지게 된다. 그리고 거래상대방에 대한 신용위험이 큰 데다 만기에 원금을 다시 교환하기 때문에 만기가 가까워올수록 그 위험은 더 커진다. 그러므로 은행들은 여러 가지 방법을 활용하여 통화스왑거래에 따른 신용위험을 관리하고 있다.

우선, 스왑은행은 거래상대방과 ISDA(International Swap and Derivatives Association)가 제정한 기본계약서(Master Agreement)에 의해 통화스왑계약을 체결하고 있다. 기본계약서에는 상계에 의한 지급방법, 채무불이행의 사유, 계약의 종료사유 및 지급액의 계산방법 등 표준화된 거래조건(terms & conditions)을 규정하고 있는데, 특히 거래당사자 중 어느 한쪽에서 채무불이행의 사유가 발생하면 일괄상계(close-out netting) 조항을 적용하도록 하고 있다. 이 조항은 파산과 같은 사유로

채무를 이행하지 못할 경우 통화나 만기에 관계없이 거래상대방과의 모든 거래를 즉시 종료시키고 채권과 채무를 일괄하여 상계한 다음 단일의 채권 또는 채무로 만드는 방식을 말한다.

또한 스왑은행들은 시장에서 금리와 환율이 급변하여 이미 거래한 통화스왑에서 평가익이 크게 발생하고 이에 따라 거래상대방에 대한 신용위험이 급격히 커질 수 있으므로 기본계약서 이외에 신용보충에 관한 부속서(Credit Support Annex)를 추가로 맺고 있다.

이에 따라 스왑은행은 거래한 스왑의 평가익이 사전에 설정해 놓은 신용한도(threshold amount)를 넘어서면 그만큼 평가손이 난 거래상대방으로부터 현금이나 채권을 담보로 받아 증대된 신용위험을 보충하고 있다.[28)]

28) 실제로 외국은행 국내지점과 외환 및 통화스왑을 거래(buy & sell)한 국내금융기관들이 리먼브러더스 파산사태 이후 원화환율이 급등함에 따라 평가손이 크게 발생하였고 그 규모가 약정한 신용한도를 넘어섰다. 이에 따라 거래의 상대방인 외국은행 국내지점에 현금으로 담보를 제공하기 위해 외환시장에서 외화를 매입하였고 이는 환율의 상승과 외화자금사정의 악화를 초래하는 요인 중의 하나로 작용하였다.

참고 8 기업의 내부적인 환위험 관리기법

환위험은 외화로 표시된 거래를 하거나 외화로 표시된 자산과 부채를 보유하고 있는 가운데 환율이 시시각각 변동함에 따라 그 가치가 저하될 수 있는 위험, 즉 환차손이 발생할 수 있는 위험을 말한다.

외화로 거래를 할 때 수반되는 환위험은 기업의 유동성에 직접 영향을 미치지만 기업이 재무제표를 작성할 때 외화 자산과 부채를 원화로 환산하는 과정에서 발생하는 환평가손은 자금의 흐름과 직접 관련이 없다. 그러므로 환위험이라 하면 일반적으로 거래에 따른 위험을 말하며 거래의 계약과 결제의 시점이 다르고 외화를 사용하기 때문에 발생한다. 또한 거래에 따른 환위험은 회계처리를 할 때 환율변동분을 손익으로 인식하지 않고 매출이나 매입원가에 반영하므로 재무회계가 아니라 관리회계의 기준에서 본 환차손 위험을 말한다.

환위험을 관리하는 방법으로는 기업이 내부에서 자체적으로 외화의 수취와 지급을 서로 연결시켜 각각에서 발생하는 환차손익을 서로 상쇄시키거나 결제시기를 조절하여 환위험을 줄이는 방안(internal management techniques)이 있고, 앞에서 설명한 것처럼 은행 및 금융선물거래소의 외화파생상품을 이용하여 환위험을 헤지하는 기법(external management techniques)이 있다. 이 중에서 기업이 내부적으로 활용할 수 있는 방법은 크게 다음과 같이 세 가지로 나누어 설명할 수 있다.

① 매칭(matching)

수취하고 지급하는 통화와 그 시기를 서로 일치시켜 거래를 함으로써 이들이 서로 다르기 때문에 발생하는 환위험을 예방하는 방법이다. 그러나 수많은 상거래를 이러한 조건에 맞추어 거래한다는 것이 현실적으로 어렵기 때문에 통화가 다른 경우에는 선물환 등을 통해 바꾸어 서로 일치시키고 시기가 다를 때에는 외화예금과 외화대출을 활용하면 된다.

즉, 수출대금을 먼저 받게 되면 그대로 외화예금에 예치하였다가 수입을 결제할 때 사용하거나 지급이 먼저 발생할 경우에는 외화대출을 받아 먼저 사용하고 나중에 수출대금을 받아 이를 상환하는 방법이다.

외화예금을 활용하면 원화를 대가로 수출대금을 매도하지 않고 수입의 결제대금은 원화를 대가로 외화를 매입하지 않게 된다. 따라서 이를 이용하는 기업은 매입률과 매도율의 차만큼 외환매매수수료를 절감할 수 있지만 그 대신 은행들이 대체료를 받고 있다. 그러나 그 수준은 외환매매수수료보다 훨씬 낮으므로 이점이 있다.

② 리딩 & 래깅(leading & lagging)

이 기법은 환율의 변동추세를 독자적으로 판단하여 외화의 수수시기를 앞당기거나(leading) 뒤로 미루어(lagging) 환차손을 줄이는 것이다. 예를 들면, 원화가 미 달러화에 대하여 일방적으로 절상될 것이 예상될 경우 수출업체는 가급적 수출물품의 선적이나 은행에 대한 수출환어음의 매입의뢰를 앞당기고 선수금을 통해 수출대금을 조기에 받음으로써 환차손을 줄일 수 있다. 반면 수입업자는 연지급 수입, 분할지급 수입 등의 방법으로 가급적 결제시기를 늦춤으로써 수입대금을 경감할 수 있다.

다만 이 방법에는 투기적인 요소가 내재되어 있어 환위험을 완전히 헤지하지는 못한다. 즉, 원화가 절상될 것을 예상한 수출업자가 수출품의 선적이나 수출환어음의 매입의뢰를 앞당겼는데 원화가 예상과는 달리 오히려 절하되었다면 원화로 환산한 수출대금이 줄어들어 환차손을 보게 된다.

③ 환위험의 회피

국내기업이 외국과의 상거래에서 우리나라 통화인 원화로 계약을 맺고 결제한다면 환위험이 원천적으로 발생하지 않는다. 국내기업이 외국과의 거래에서 원화를 결제통화로 사용하기 위해서는 자기 상품이 우월한 경쟁력을 갖고 있어야 하며 비거주자가 원화를 결제수단으로 이용하는데 대한 외환규제가 없어야 한다.

국제적인 상거래에서 일반적으로 이용되고 있는 대금의 결제방식은 환거래은행을 통한 송금방식이지만 현재 우리나라에서는 비거주자가 원화로 결제할 경우 자유원계정(free won a/c)을 통한 추심방식만 가능하도록 되어 있다. 송금방식에 의한 결제는 비거주자의 원화계정 처분과 비거주자와 국내 환거래은행 간의 현물환 매매를 제한하고 있기 때문에 사실상 이용하기가 어렵게 되어 있다.

또한 해외공사대금이나 수출대금과 같은 받을 외화채권을 만기일 이전에 팩토링(factoring)이나 포페이팅(forfaiting)방식을 통해 금융기관에게 할인하여 매도하는 방법을 들 수 있다. 수출업자가 수출채권을 일단 매도하면 외화채권이 소멸되므로 환위험이 발생하지 않으며 미리 자금을 가용할 수 있는 장점이 있으나 그 대신 할인료와 같은 금융비용을 부담하여야 한다.

제 4 장 금리재정거래

국내의 금융시장에서는 거래조건이 거의 같다면 금리가 낮은 금융자산에서 높은 자산으로 자금이 이동하여 금리가 서로 비슷한 수준으로 근접해 간다.

그러나 국제금융시장에서는 이와 달리 통화별로 금융자산 간에 금리차가 큰 데도 불구하고 자금의 이동에 의해 금리차가 조정되지 않은 채 계속 유지되고 있다.

이는 서로 다른 통화 간 금융거래의 경우 금리가 높은 통화의 자산에 투자했다가 나중에 원리금을 회수할 때 환율이 금리차보다 더 크게 오르면 손실을 볼 수 있는 위험이 항상 뒤따르기 때문이다. 그러므로 서로 다른 통화 간 금융거래에서는 금리뿐만 아니라 환율의 변동도 고려해야 한다.

이 장에서는 먼저 통화별로 금리수준이 다른데도 불구하고 서로 다른 통화 간 금융거래에서 균형이 이루어지는 원리를 살펴본다. 그리고 그러한 균형관계가 성립되지 않는 원인은 무엇이며 최근 우리나라에서도 발생하여 지속되고 있는 불균형의 원인에 대해 규명하고자 한다.

아울러 이러한 균형관계가 무너졌을 때 환위험이 커버된 금리재정거래가 발생하는 경로와 형태를 알아보고 이러한 거래가 금융시장에 미치는 영향에 대하여 우리나라의 사례를 중심으로 설명한다.

제1절 금리평가이론

해외 및 국내의 단기금융시장과 외환시장이 균형관계에 있는 이유를 가장 잘 설명해 주는 동시에 시장에서 그대로 적용되고 있는 원리가 금리평가이론(Interest Rate Parity Theorem)이다.

금리평가이론(金利平價理論)은 미 달러화와 원화 금융시장 간에 자금의 이동이 자유롭다면 미 달러화예금금리는 선물환으로 예금기간 동안 발생하는 환위험을 헤지하는 데 소요되는 비용(hedging cost)을 조정할 경우 원화예금금리와 같아야 양시장이 서로 균형을 이루게 된다는 것을 말한다.

즉, 미 달러화예금금리=원화예금금리 ± 선물환 프리미엄(+) 또는 디스카운트(−)로 단기금융시장에서 양통화의 금리차(원화예금금리−미 달러화예금금리)는 외환시장의 선물환 프리미엄(+) 또는 디스카운트(−)와 같아야 한다. 그리고 선물환 프리미엄 또는 디스카운트는 제3장 제1절에서 설명한 대로 선물환율에 내재된 양통화의 금리차(implied interest rate differential)를 말하며, [(선물환율−현물환율)/현물환율]로 계산한다.

이러한 금리평가이론을 시장의 금융거래에 적용해서 설명하면, 해외에서 미 달러화를 차입해서(borrowing) 원화로 바꾸어(spot) 원화예금에 투자했다가(investment), 이를 만기에 회수하여 미 달러화로 바꾸어 상환하는 금융거래의 양통화 간 금리차와 외환시장에서 동일한 만기를 가진 선물환(USD/KRW)을 매입할 때 선물환율에 내재된 양통화의 금리차가 서로 같아야 환위험을 커버하고 나면 단기금융시장 간의 금리차익이 상쇄되어 금리재정거래(covered interest rate arbitrage)[29)]가 발생하지 않는다는 것이다.

반대방향의 거래도 똑같은 원리가 적용되며, 이러한 등가관계가 유지될 때 원화금융시장의 금리가 미 달러화금융시장의 금리보다 높다 하더라도 해외의 투자자금이 그 금리차를 얻기 위해 국내로 이동할 만한 유인이 없게 된다.

29) 환위험을 커버하지 않는 금리재정거래는 투기거래이며, 캐리트레이드(carry trade)가 대표적이다. 캐리트레이드는 금리가 낮고 약세가 예상되는 통화를 차입하여 고금리이며 강세가 예상되는 통화의 자산이나 고수익이 예상되는 상품(commodity)에 투자하면서 환위험을 커버하지 않는 거래를 말한다.

사례 4·1

금리평가관계의 성립(예)

A은행은 다음과 같이 해외의 단기금융시장에서 1년간 미 달러화를 빌려와 원화로 바꾸어 운용하였고, B은행은 외환시장에서 선물환율(USD/KRW)이 1,020.0원인 1년 만기의 선물환을 매입하였다.

현 재	금리(연)	1년 후 원리금
1USD	1.5%	1.015.0USD
1,000.0KRW	3.5%	1,035.0KRW
USD/KRW=1,000.0	금리차 2.0%p	1,035.0/1.015.0= 1,019.7

1년이 지난 후 A은행은 투자한 원리금 1,035.0원을 받아서 미 달러화차입금 1.015달러를 상환하게 된다. 이때 교환환율(1,019.7원)과 현물환율(1,000.0원)의 차는 19.7원으로 B은행이 1년 후 인수도하기로 한 선물환계약의 스왑포인트 20.0원(1,020.0원−1,000.0원)과 거의 같다. 그리고 선물환율에 내재된 금리차는 2.0%p[(1,020.0−1,000.0)/1,000.0]로 단기금융시장의 통화간 금리차 2.0%p(3.5%−1.5%)와 일치한다.

이러한 시장상황에서는 선물환을 통해 환위험을 헤지하고 나면 원화와 미 달러화 간 금리차익을 목적으로 하는 금리재정거래에서 이득이 생기지 않는다. 그러므로 해외 및 국내의 단기금융시장과 외환시장이 서로 균형관계에 있다고 말할 수 있다.

위의 관계를 수식으로 정리해 보면, $1USD \times (1+I^{USD} \times n) = [1USD \times St \times (1+I^{KRW} \times n)]/Ft$가 되며, 이를 $(1+I^{KRW} \times n)/(1+I^{USD} \times n) = Ft/St$로 바꾸고 양변에서 1을 빼면 $[(I^{KRW}-I^{USD}) \times n]/(1+I^{USD} \times n) = (Ft-St)/St$가 된다. 이 산식에서 $1+I^{USD} \times n$은 할인계수(discount factor)로 거의 1에 가깝다. 그러므로 간편하게 $(I^{KRW}-I^{USD}) = (Ft-St)/St \times n$로 사용할 수가 있고, $St \times (I^{KRW}-I^{USD}) \times n = Ft-St$(스왑포인트)가 된다. 여기에서 n은 기간, I^{KRW}는 원화금리, I^{USD}는 미 달러화 금리, St는 현물환율(1KRW당 USD), Ft는 선물환율을 각각 표시하고 있다.

이렇게 볼 때, 금리평가이론은 은행들이 해외 및 국내의 단기금융거래를 통해 대고객 선물환포지션을 커버하고 이를 기초로 선물환율을 결정하는 내부의 업무준칙(제3장 제1절에서 설명)을 국내외 단기금융시장과 외환시장의 균형조건으로 바꾸어 이론화한 것이라고 말할 수 있다.

한편 금리평가이론은 기본적으로 단기금융시장과 외환시장의 균형에 관한 이론이지만 장기금융시장(capital market)과 외환시장의 균형도 같은 원리에 따라 이루어진다. 서로 다른 통화 간 장기금융거래에서 환위험은 통화스왑을 이용하여 커버한다. 그리고 통화스왑(USD/KRW) 금리는 제3장 제4절에서 설명한 것처럼 LIBOR(flat)에 대한 고정금리(원화)를 가리키며, 국고채수익률을 기준으로 결정한다.

그러므로 신용위험의 차를 반영한 통화스왑금리와 국고채수익률이 서로 근접할 때 장기금융시장과 외환시장 간에 균형이 이루어진다고 볼 수 있다. 이때는 단기균형과 마찬가지로 해외 및 국내의 장기금융시장 간에 금리차가 크게 난다고 하더라도 환위험을 커버하는 데 드는 비용을 감안하면 투자자금이 이동할 만한 유인이 없게 된다.[30)]

참고 9 단기금융시장과 외환시장의 이론적인 연결관계

단기금융시장에서 통화 간 금리차와 외환시장의 선물환 프리미엄(+) 또는 디스카운트(−)는 금리평가이론에 의해 균형을 이루게 된다는 것을 이미 설명하였다.

다음으로 통화 간 금리차와 현물환율의 관계에 대해서는 국제피셔효과(International Fisher Effect)에 의해 연결된다. 국제피셔효과에 의하면 통화 간에 금리차가 존재하는 것은 높은 금리를 가진 통화의 수익이 외환거래의 손실에 의해 상쇄되는 방향으로 환율이 변동할 것으로 기대하기 때문이라는 것이다. 즉, 양통화의 금리차는 환율의 기대변동률과 같게 된다는 것이다.

30) 일반적으로 금리평가이론은 단기금융시장과 외환시장의 균형조건을 제시하고 있을 뿐 장기금융시장과의 균형에 대해서는 다루지 않고 있다. 이는 완전경쟁시장인 국제금융시장에서 커버된 금리재정거래가 발생하는 것이 매우 예외적이며, 설령 발생한다 하더라도 단기에 그치고 있으며, 장기금융거래에서는 신용위험과 시장의 불완전성을 고려해야 하므로 균형관계를 단순히 설명하기가 어렵기 때문인 것으로 보인다.

또한 선물환 프리미엄(+) 또는 디스카운트(−)는 불편선물환율이론(Unbiased Forward Rate Theory)에 의해 현물환율의 기대변동률과 같아지게 된다. 만약 선물환율보다 현물환율이 더 크게 변동할 것으로 예상된다면 그 통화에 대한 선물환 매입수요가 몰려 선물환율이 미래의 기대환율에 근접하는 수준으로 상승한다는 것이다.

여기서 기대환율이란 합리적 기대에 따른 불편추정치(不偏推定值)로서 통계적으로 보면 선물환율이 미래 현물환율 확률분포의 평균치가 되고, 현물환율과 오차의 합이 영(zero)이 된다는 것을 의미한다. 따라서 금리평가이론과 국제피셔효과가 동시에 성립한다면 불편선물환율이론에 의해 환율의 기대변동률은 선물환 프리미엄 또는 디스카운트와 같아지게 된다.

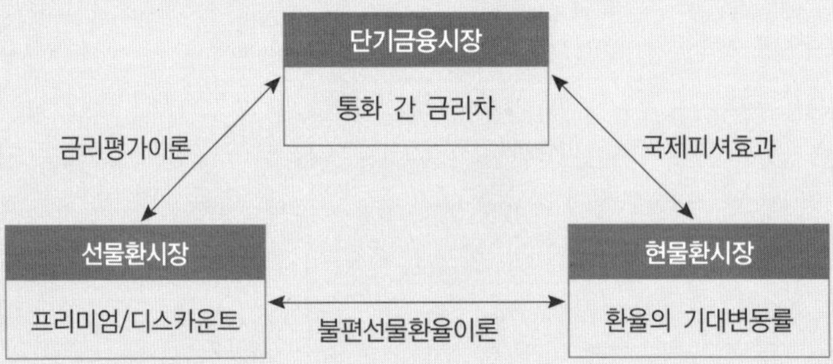

제2절 금리재정거래의 발생원인

국내외 금융시장에서 시시각각 변동하는 금리와 환율을 보면 금리평가관계가 항상 이루어지고 있는 것은 아님을 알 수 있다. 그러므로 외환딜러와 같은 전문투자가들은 각 은행이 고시하는 통화별 장단기 금리, 선물환율, 통화스왑금리 등을 항상 예의 주시하다가 시장 간에 재정거래 유인이 발생하면 즉시 이를 이용한 거래를 실행하여 차익을 얻는다.

일반적으로 금리평가로부터 괴리되어 커버된 금리재정거래가 발생하는 원인으로 자본거래의 규제, 거래비용의 격차, 시장의 유동성 차이 등을 들고 있다. 자본거래에 대한 규제로는 비거주자의 금전대차 및 환전 제한, 비거주자의 자산 및 부채 동결, 금리상한제 실시 등과 같은 것이 있다. 이는 국내외 간 자금의 이동을 제한하여 국내와 해외 금융시장을 분리시키는 것을 의미한다. 따라서 통화 간 자금이동이 자유로워야 한다는 금리평가이론의 전제조건 자체를 충족시키지 못한다.

다른 괴리요인은 시장참가자들 간에 거래비용의 차이가 존재한다는 점이다. 채권시장의 경우 신용등급에 따라 발행금리가 다르고 투자의 수익률도 달라진다. 또한 신용등급이 동일한 채권이라 해도 조세제도,

이자일수의 계산방법, 채권의 발행 및 유통제도 등의 차이로 인해 각각 거래의 비용과 수익이 달라질 수 있다. 예를 들어, 우리나라와 프랑스 및 태국의 조세협약에서는 이들 국가의 투자가가 우리나라 채권에 투자할 때 이자소득세를 납부하지만 본국에서 그만큼 법인세를 납부할 때 비용으로 공제받도록 되어 있어 다른 국가의 투자가보다 그만큼 수익률이 더 높아지게 된다.

또 다른 괴리요인은 금융시장과 외환시장이 유로커런시시장처럼 완전히 개방되어 있다 하더라도 통화에 따라서는 자금의 가용성(availability)에 제약받을 수가 있다는 점이다. 특히, 신흥시장국의 경우 외국인투자가들이 국가별 신용한도(country credit limit)를 설정하여 관리한다. 그러므로 이들 국가의 외채규모가 커지거나 국제금융시장에서 충격이 발생하면 외국인투자자금이 유출되고, 거주자들은 외화자금을 조달하는 데 어려움을 겪게 된다.

이에 따라 해외 및 국내 금융시장의 유동성에 비대칭적(asymmetrical)인 구조가 형성되어 외환시장의 스왑포인트에 내재된 금리차와 통화스왑금리가 낮아지고 심지어는 마이너스(−)를 보이는 경우도 나타난다. 이러한 이유로 국제금융시장에서는 커버된 금리재정거래의 유인이 일시적으로 나타났다가 거래가 늘어나면서 곧 조정되는 것이 일반적인 현상이지만 신흥시장국에서는 금리재정거래 유인이 오랫동안 지속되어 금융시장을 교란하기도 한다.

참고 10 우리나라의 커버된 금리재정거래 발생 및 지속 원인

우리나라에서는 2006년 하반기부터 미 달러화를 차입하여 원화로 바꾸어 투자할 경우 환위험 없이 금리차익을 안전하게 획득할 수 있는 커버된 금리재정거래의 유인이 발생하기 시작하였고, 그 후 유인폭이 확대되었다. 이에 따라 외화자금을 조달하는데 유리한 외국인투자가와 외국계금융기관을 중심으로 커버된 금리재정거래가 성행하였다. 그 결과, 아래 표와 같이 이들의 국내채권매입이 크게 늘어났다. 다만 글로벌 금융위기가 심화될 때에는 일부 감소하는 모습을 보이기도 하였다.

외국인투자가 및 외은지점의 국내채권 매매

(단위 : 억달러)

	2005	2006	2007	2008	2009.1~6월
외국인투자가	3	17	365	22	19
외 은 지 점	30	178	138	-69	-4
계	33	195	503	-47	15

주: 국고채 및 통안증권 보유잔액의 증감기준(+는 순매입, -는 순매도)이다.

아래의 그림에서 보는 것처럼 2006년 하반기부터 커버된 금리재정거래의 유인이 발생한 것은 선물환시장에서 원화절상에 대한 기대심리로 조선업체를 비롯한 수출기업과 급증한 해외펀드 투자가들이 선물환 매도를 크게 늘림에 따라 선물환의 매도가 매입을 월등히 초과하여 스왑포인트가 하락한 데 주로 기인한다.

아울러 통화스왑시장에서 은행들의 대고객 선물환 매입포지션 커버 및 해외포트폴리오투자를 위한 기관투자가들의 환위험 헤지수요 때문에 LIBOR 지급/원화금리 수취(CRS receive)가 LIBOR 수취/원화금리 지급

(CRS pay)보다 훨씬 많아져 통화스왑금리가 하락압력을 받았던 것도 한 요인으로 분석된다.

그리고 아직도 금리재정거래의 유인이 큰 폭으로 지속되고 있는 원인으로는 이미 언급한 선물환 및 통화스왑 시장의 수급불균형 이외에 글로벌 금융위기 이후 국내은행들의 외화차입 가산금리가 크게 상승한 점을 들 수 있다.

국내은행들은 고객과의 선물환 매입포지션을 커버하고 또한 금리재정거래 유인을 이용하기 위하여 오랫동안 외화차입을 크게 늘려 왔다. 이처럼 대외익스포져가 매우 큰 상황에서 미국의 서브프라임 모기지 부실사태가 발생하여 위험자산에 대한 기피성향이 확산됨에 따라 해외시장에서 외화자금을 조달하기가 어려워졌다. 이를 반영하여 외화차입 가산금리가 종전보다 크게 상승하였고, 이는 스왑포인트 및 통화스왑금리의 하락요인으로 작용하게 되었다.

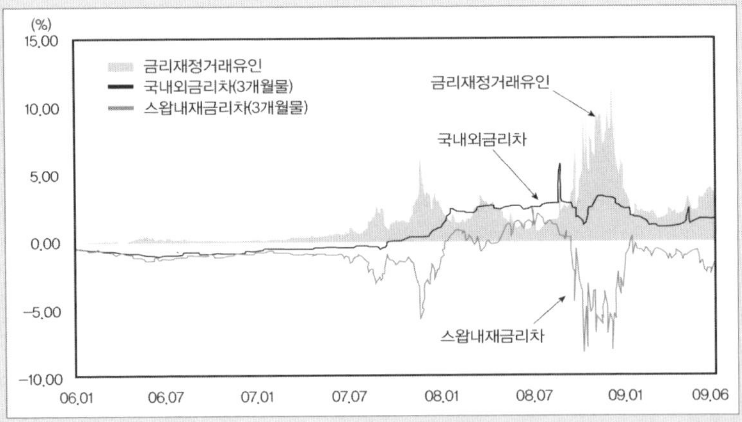

제3절 금리재정거래의 유형

환위험이 커버된 금리재정거래는 기간이 단기냐 장기이냐에 따라 환위험을 커버하는 기법이 다르고, 어느 통화가 상대적으로 높게 평가되어 재정거래 유인이 발생하였느냐에 따라 자금을 조달하고 운용해야 하는 통화가 달라진다.

1. 단기거래

기간이 1년 미만인 커버된 금리재정거래는 단기금융시장을 통해 자금을 조달하고 운용함과 동시에 외환스왑으로 환위험을 커버한다. 그러므로 앞에서 설명한 것처럼 스왑포인트에 내재된 금리차와 단기금융시장의 금리차를 비교해서 그 유인의 크기를 측정한다.

만약, 스왑포인트의 내재금리차가 단기금융시장의 금리차보다 낮다면 투자가들은 상대적으로 높게 평가된 미 달러화자금을 차입해서 외환스왑(sell & buy)을 통해 낮게 평가된 원화로 바꾸어 투자한다. 반대로 외환시장의 스왑포인트에 반영된 금리차가 단기금융시장의 금리차보다 크다면 상대적으로 높게 평가된 원화자금을 조달해서 외환스왑

(buy & sell)으로 저평가된 미 달러화로 바꾸어 해외에 투자하는 과정을 거침으로써 환위험을 커버하고도 금리차익을 얻을 수가 있다.

[표 4·1] 단기금리재정거래의 유형

유인의 형태			환위험 커버	금융거래
단기금융시장 통화 간 금리차	>	스왑포인트 내재금리차	외환스왑 (sell & buy)	USD 차입& KRW 투자
단기금융시장 통화 간 금리차	<	스왑포인트 내재금리차	외환스왑 (buy & sell)	KRW 차입& USD 투자

사례 4·2 커버된 단기금리재정거래

금일 A통신에 금리와 환율이 다음과 같이 고시되었다.

- 금리(3개월물, 연%)
  - LIBOR(USD) : 1.08－1.23
  - CD(KRW) : 2.94－2.96
- 환율(USD/KRW)
  - 현물환율 : 1,000.0－1001.4
  - 선물환율(3개월물, NDF) : 1,001.1－1,001.5
    (내재금리차 : 0.44%p－0.58%p)

이를 본 외국인투자가는 커버된 금리재정거래의 유인이 발생하였음을 알고 다음과 같이 거래하였다.

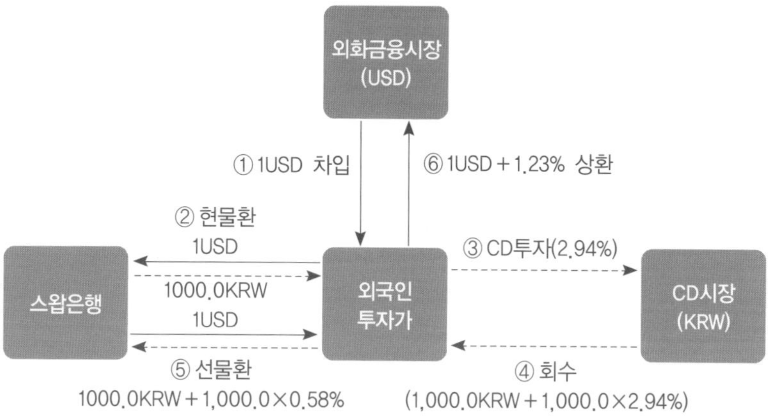

① NDF 환율에서 상대적으로 높게 평가된 1USD를 3개월간 1.23%에 차입(가산금리는 없는 것으로 가정)하여,

② sell & buy 외환스왑을 통해 1,000.0원으로 환전함과 동시에 선물환율을 약정(1,001.5원=1,000.0원+1,000.0 × 0.58%× $\frac{90}{360}$)한 후

③ 상대적으로 낮게 평가된 CD(3개월물, 2.94%)에 투자하였다.

④,⑤,⑥ 3개월 후 만기에 원리금을 회수하여 약정한 선물환율로 미 달러화로 바꾸어 1USD차입금과 이자를 상환하였다.

이러한 거래를 한 결과 외국인투자가는 수익으로 CD금리 2.94%를 받고 미 달러화 차입금리(1.23%)와 스왑프리미엄(0.58%)을 비용으로 지급했으므로 환위험을 커버하고도 1.13%p(2.94%－1.23%－0.58%)의 차익을 올릴 수 있었다.

앞의 예에서 커버된 금리재정거래의 차익(1.13%p)은 단기금융시장에서 원화와 미 달러화의 금리차 1.71%p(CD 2.94% − LIBOR 1.23%)와 스왑포인트의 내재금리차 0.58%p의 차이임을 알 수 있다. 그러므로 외환딜러와 같은 전문투자가들은 환율이나 금리가 명목적으로 변동하는 것보다 스왑포인트에 내재된 금리차가 커지느냐 작아지느냐에 더 주목하게 된다.

그리고 금융거래 및 외환거래를 할 때에는 금리 이외의 비용이 수반되므로 그 비용도 고려하여 금리재정거래의 실익을 판단하게 된다. 부수비용으로는 증권의 매매 및 통화스왑거래와 관련된 중개 및 보관수수료, 이자소득세 등이 있다. 만약 이러한 비용이 앞의 [사례 4·2]에서 얻게 되는 금리재정거래의 차익보다 컸다면 외국인투자가는 금리재정거래유인이 발생하였음에도 불구하고 거래를 실행하지 않았을 것이다.

2. 장기거래

기간이 1년을 넘어가는 커버된 금리재정거래에서는 환위험을 통화스왑으로 커버하며 채권시장을 이용하거나 단기금융거래와 이자율스왑을 조합하여 거래하기도 한다.

2-1. 스왑스프레드

통화스왑(USD/KRW)금리는 앞에서 수차례 언급한 것처럼 원화고정금리를 말하며, 통화스왑금리와 동일한 만기를 가진 국고채수익률(1년물은 주로 통화안정증권금리를 사용)과의 차를 스왑스프레드(swap spread)라고 부르는데 그 크기가 커버된 금리재정거래의 유인이 된다.

금융시장에서 통화스왑금리가 국고채수익률보다 낮다면(스왑스프레드가 마이너스) 원화가 미 달러화에 비해 저평가된 것을 의미한다. 이때는 프리미엄을 갖는 미 달러화를 차입해서 통화스왑거래(sell & buy)를 통해[31] 원화로 바꾸어 국내채권에 투자하면 환위험을 부담하지 않고도 스왑스프레드만큼 차익을 획득할 수 있다.

반대로 통화스왑금리가 국고채수익률보다 높다면(스왑스프레드가 플러스) 원화가 미 달러화에 비해 고평가된 것을 말한다. 이때는 상대적으로 높게 평가된 원화로 자금을 조달해서 통화스왑거래(buy & sell)로 디스카운트된 미 달러화로 바꾸어 이를 외화증권에 투자하면 환위험을 커버하고도 그 차익을 얻을 수 있다.

31) 국내시장에서는 sell & buy cross currency swap을 'CRS pay', buy & sell cross currency swap을 'CRS receive'라고 각각 부르고 있는데 여기서 pay와 receive는 고정금리(원화)를 pay 또는 receive한다는 것을 말한다.

한편 통화스왑(USD/KRW) 금리는 AA등급(S&P사 신용등급)을 갖고 있는 국제은행들의 LIBOR(flat)를 기준으로 산정되기 때문에 현재 A 등급인 우리나라의 국고채수익률에서 신용위험의 차에 해당하는 가산금리를 차감하여야 한다. 따라서 현재와 같은 시장에서는 통화스왑 금리가 그만큼 국고채수익률보다 낮게 형성되는 것이 일반적인 현상이므로 신용스프레드를 감안하여 금리재정거래의 유인을 판별해야 한다.

그리고 외화자금은 보통 3개월물로 조달하는 경우가 많은데 이때는 통화스왑의 기준금리인 LIBOR(flat)가 6개월물이므로 기간물 간의 금리차, 즉 베이시스(basis)를 비용에 가산해 주어야 한다.

[표 4·2] 스왑스프레드거래의 유형

유인의 형태[1]	환위험 커버	금융거래
통화스왑금리 < 국고채수익률	통화스왑 (sell & buy)	USD 차입 & KRW 투자
통화스왑금리 > 국고채수익률	통화스왑 (buy & sell)	KRW 차입 & USD 투자

주: 1) 신용스프레드를 감안한 후의 금리재정거래 유인을 말한다.

사례 4·3 스왑스프레드거래

금일 A통신에 금리, 통화스왑금리 및 환율이 다음과 같이 고시되었다.

- 금리(연%)

  국고채수익률(3년물) : 3.82 − 3.84

  통화스왑금리(3년물) : 0.20 − 0.40

- 환율(USD/KRW)

  현물환율 : 1,000.0 − 1,001.4

장기로 외화자금을 손쉽게 차입할 수 있는 외국의 한 투자가는 위의 고시에서 스왑스프레드가 확대되어 커버된 금리재정거래의 유인이 발생한 것을 알고 다음과 같이 거래하였다.

[계약 시 : 차입 → 통화스왑 및 원금교환 → 투자]

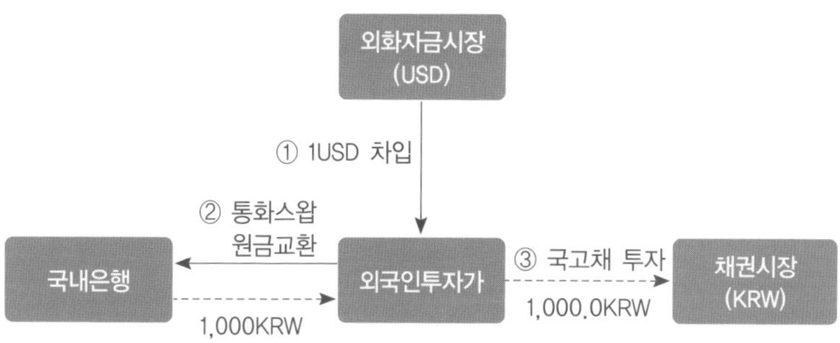

① 외국인투자가는 통화스왑금리에서 상대적으로 높게 평가된 1USD를 차입하여(가산금리는 없다고 가정),

② 은행과 만기 3년의 통화스왑(sell & buy 통화스왑)계약을 맺고 원화로 교환한 후,

③ 이때 받은 원화로 국고채(3년물)를 매입하였다.

[계약기간 중: 이자교환]

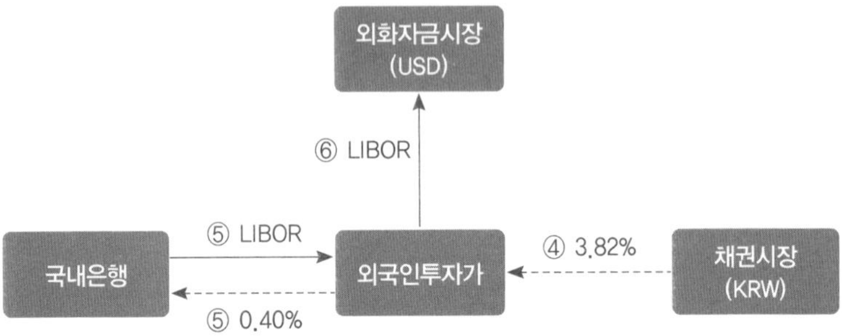

④ 계약기간 동안 외국인투자가는 국고채투자로부터 6개월마다 연 3.82%의 이자를 받아서,
⑤ 통화스왑계약에 따라 연 0.40%의 이자를 은행에 주는 대신 LIBOR의 이자를 받아서,
⑥ 해외로부터의 차입금 이자로 지급하였다.

[만기: 투자회수 → 통화스왑 원금 재교환 → 차입상환]

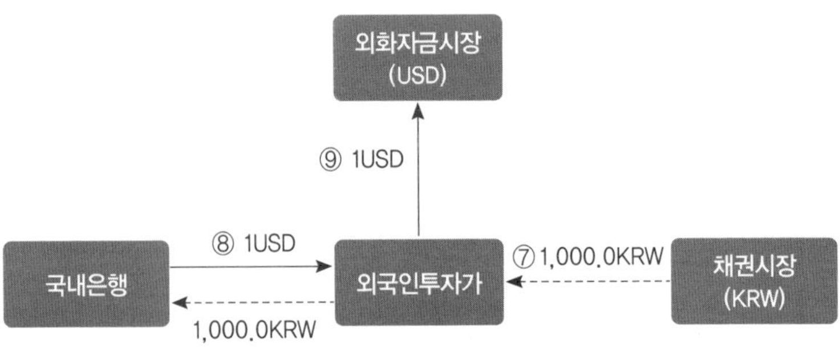

⑦,⑧,⑨ 만기에 외국인투자가는 보유채권(1,000.0원)을 상환받아 통화스왑 계약에 따라 은행에 주고 은행으로부터 1USD를 받아 해외의 차입금을 상환하였다.

거래 결과 외국인투자가는 계약할 때의 환율로 만기에 동일한 원금을 다시 교환하였으므로 환위험을 부담하지 않았다. 아울러 매년 국고채 투자로부터 받은 수익률 3.82%와 통화스왑의 지급금리 0.40%의 차, 즉 스왑스프레드에 해당하는 3.78%p의 수익을 올렸다.

2-2. 스왑베이시스

일반적으로 이자율스왑(interest rate swap)은 통화가 동일한 자산이나 부채의 금리조건, 즉 고정금리와 변동금리를 서로 바꾸어 부담하는 기법이다. 그리고 통화스왑은 이미 설명한 것처럼 자산이나 부채의 통화를 다른 통화로 바꾸는 상품이므로 금리뿐만 아니라 원금도 교환하며 이때 교환하는 금리조건은 변동금리인 LIBOR(flat) 대 고정금리(원화)이다.

또한 이자율스왑과 통화스왑의 고정금리(원화)는 동일한 기간물의 국고채수익률을 기준으로 삼고 여기에 신용스프레드를 가감하여 결정한다. 따라서 국고채수익률을 중심으로 통화스왑금리와 이자율스왑금리가 서로 연결되며 그 차를 스왑베이시스(swap basis)라고 부른다.

그러므로 앞에서 설명한 장기금융시장과 외환시장의 균형을 이자율스왑시장에까지 확장해 보면 통화스왑금리(AA), 국고채수익률(A) 및 이자율스왑금리(은행 신용등급)가 신용위험의 차를 반영한 수준에서 서로 같은 방향으로 변동할 때 균형을 이룬다고 본다.

그러나 현실적으로 각 시장마다 구조적 특성이 있고 국내외의 시장상황에 따라 수급이 변동하기 때문에 이들 간에 괴리가 생기게 마련이고 그 폭이 거래비용과 적정이윤을 넘어서게 되면 스왑베이시스를 이용한 커버된 금리재정거래가 발생한다.

[표 4·3] 국고채수익률과 스왑금리의 관계

금 리	신용등급기준	금리수준		재정거래 유인
		이론	실제(1년물)	
국고채수익률	A(국가신용등급)	i	3.54%	스왑스프레드 : -1.88%
통화스왑금리	AA(국제은행)	i−a	1.66%	
이자율스왑금리	A(국내은행)	i+b	3.55%	스왑베이시스 : -1.89%

주 : 1) a는 국고채(A)와 LIBOR(AA)의 신용스프레드, b는 국고채(A)와 국내은행(A-)의 신용스프레드를 의미한다.
2) 실제금리는 2009년 9월말 기준이다.

이론적으로 보면 이자율스왑금리가 신용등급이 높은 국고채수익률보다 높아야 하지만 기간물별로 또는 같은 기간물이라 해도 시장상황에 따라서는 역전현상이 발생하기 때문에 스왑베이시스보다 스왑스프레드가 더 큰 경우가 있으므로 유의해야 한다.

[그림 4·1] 국채수익률과 이자율스왑금리의 차

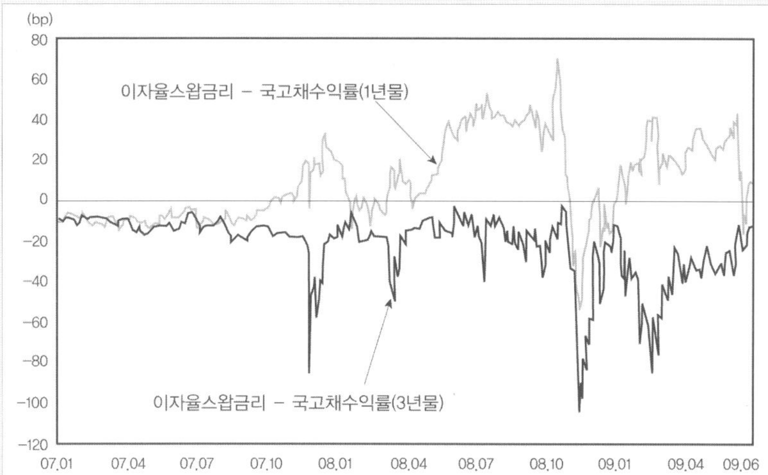

[그림 4·1]에서 보는 것과 같이 우리나라에서는 이론과 달리 이자율스왑금리가 국고채수익률보다 낮게 형성되는 현상이 종종 발생하고 있다. 국내은행들은 고정금리인 은행채권(straight bond)이나 구조화채권(structured note)[32]을 발행한 자금으로 변동금리인 주택대출로 운용하면서 금리의 변동위험을 이자율스왑(고정금리 수취/변동금리 지급)으로 헤지하고 있다. 이 때문에 이자율스왑시장에서 고정금리 수취(IRS

32) 구조화채권은 보통채권(straight bond)에 파생상품의 기초자산인 통화, 주식, 금리, 신용 등의 변동을 연계시킨 채권으로 여기서는 CD금리의 변동에 따라 지급금리가 달라지도록 설계되어 있는 채권을 말한다.

receive)에 대한 수요가 공급을 초과하게 되면서 이자율스왑금리가 하락압력을 받아 국고채수익률보다도 낮아지는 현상이 나타난다.

지금까지 국내금융시장에서 가장 많이 거래된 스왑베이시스거래의 유형은 [사례 4·4]와 같이 해외로부터 외화를 차입하여 통화스왑계약(sell & buy)을 맺고 이때 교환한 원화자금으로 단기의 변동금리부 상품에 운용하면서 동시에 이자율스왑계약을 맺어 변동금리를 주고 고정금리(수익)를 받아 이것으로 통화스왑의 금리(비용)를 지급함으로써 그 차(스왑베이시스)를 획득하는 거래이다.

사례 4·4 스왑베이시스거래

금일 A통신에 금리, 스왑금리 및 환율이 다음과 같이 고시되었다.

- 금리(연%)
  - LIBOR(USD, 6개월물) : 1.78－1.93
  - CD(KRW, 6개월물) : 3.02－3.04
- 스왑금리 (연%)
  - 국고채 수익률(3년물) : 3.82－3.84
  - 통화스왑금리(3년물) : 0.20－0.40
  - 이자율스왑금리(3년물) : 3.92－3.96
- 환율(USD/KRW)
  - 현물환율 : 1,000.0－1,001.4

이를 본 외국인투자가는 스왑스프레드보다 스왑베이시스를 이용하는 것이 더 큰 이익을 획득할 수 있는 커버된 금리재정거래라는 것을 알고 다음과 같은 메커니즘으로 거래하였다.

[계약 시: 차입 → 통화스왑 및 원금교환 → 투자 → 이자율스왑계약]

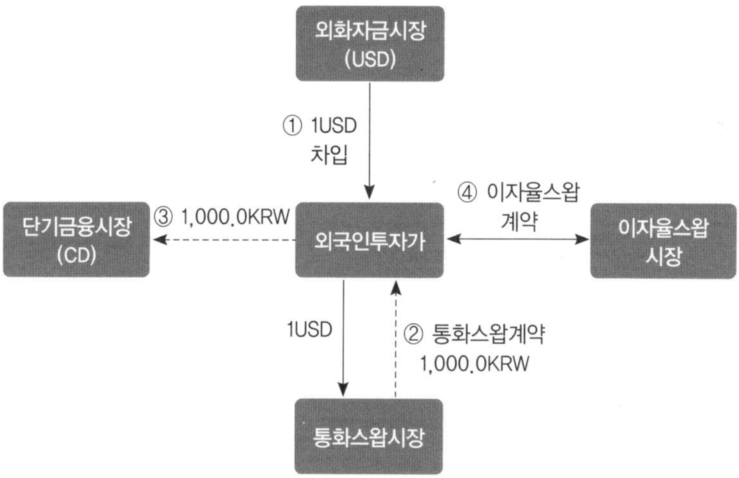

① 외국인투자가는 통화스왑금리로 보아 상대적으로 프리미엄을 갖는 1USD를 차입하여(가산금리는 없다고 가정),

②,③ 통화스왑시장에서 이를 주고 1,000.0원을 받는 계약(sell & buy)을 맺고 단기금융시장의 변동금리부 상품인 CD에 투자하면서,

④ 이자율스왑시장에서 원금(notional amount)을 1,000.0원으로 하며 변동금리를 지급하되 고정금리를 수취하는 계약을 체결하였다.

[계약기간 중: 이자교환]

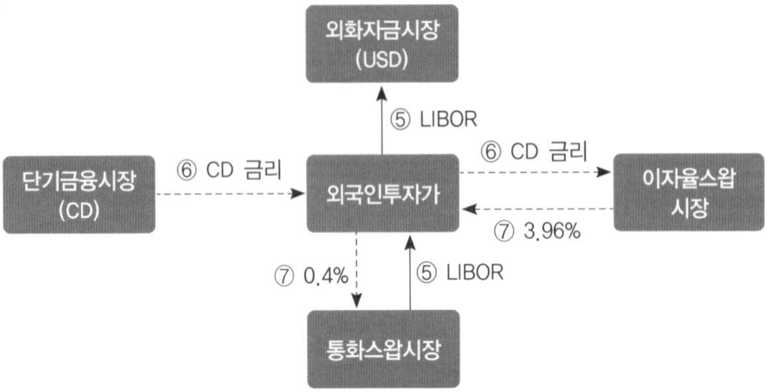

⑤ 계약기간 동안 외국인투자가는 6개월마다 통화스왑계약에 따라 변동금리인 LIBOR를 받아 차입금의 이자를 지급하고,

⑥,⑦ 투자한 CD의 이자를 받아 이자율스왑계약에 따라 상대방에게 지급하고 대신 고정금리로 3.96%를 받아 이 중에서 0.4%를 통화스왑계약에 의거 지급하였다.

[만기: 투자회수 → 통화스왑 원금재교환 → 차입상환 → 이자율스왑 종료]

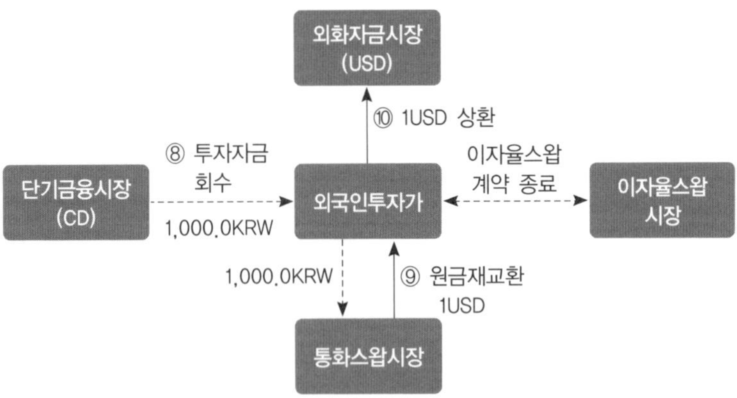

⑧,⑨,⑩ 만기에 외국인투자가는 CD투자금을 회수하여 통화스왑계약에 따라 상대방에게 주고 대신 1USD를 받아 외화차입금을 상환하였다.

거래결과 외국인투자가는 환위험을 커버하고도 매년 이자율스왑금리 3.96%(수익)와 통화스왑금리 0.4%(비용)의 차, 즉 스왑베이시스(3.56%p) 만큼 수익을 올렸다. 이는 [사례 4·3]의 스왑베이시스거래보다 이자율스왑 금리와 채권수익률의 차 0.12%p만큼 수익이 더 큰 것이다.

제4절 금융시장에 미치는 영향

환위험이 커버된 금리재정거래가 성행하게 되면 외화자금의 유출입이 빈번해져 금리 및 환율이 크게 변동할 뿐만 아니라 국내외의 충격에 대해 매우 민감하게 반응한다.

앞의 사례에서 본 것처럼 미 달러화가 원화에 비해 높게 평가되어 금리재정거래가 발생하면 거주자의 외화차입과 외국인투자자금의 유입에 의해 국내채권투자가 증가한다(in bound). 그 결과 외채가 증가하고 금리가 하락압력을 받게 된다. 반대로 미 달러화가 원화에 비해 낮게 평가되어 금리재정거래가 발생하면 외화자금이 국내에서 해외로 유출(out bound)되고 채권의 매도가 늘어나 금리는 상승압력을 받게 된다.

또한 커버된 금리재정거래가 확산되면 해외 및 국내 금융시장이 외환스왑, 통화스왑 및 이자율스왑을 통해 서로 밀접히 연결되기 때문에 국내외 시장의 충격에 대해 매우 민감하게 반응할 뿐만 아니라 연쇄적으로 시장에 영향을 미치게 된다.

실제로 앞의 [참고 10]에서 본 것처럼 2007년 11월 하순 미국의 서브프라임모기지 부실사태로 인해 국제금융시장에서 신용경색이 발생하여 외화자금사정이 악화되자 통화스왑금리가 급격히 하락하였고 이에 따라 스왑스프레드와 스왑베이스가 크게 확대되었다.

그리고 이로 인해 그동안 커버된 금리재정거래를 크게 늘렸던 외국인투자가 및 외국계금융기관은 대규모 평가손이 발생함에 따라 [그림 4·2]와 같이 반대거래로 일부 포지션을 손절매(stop-loss)하고 동시에 보유하고 있던 국고채를 대거 매도함으로써 국고채수익률을 급등시켰다. 아울러 외국인증권투자자금의 급격한 유출을 야기해 환율의 상승도 초래했다.

이처럼 커버된 금리재정거래는 본질적으로 단기차익을 얻기 위한 트레이딩(trading) 목적의 거래이다. 따라서 금리재정거래는 거래할 때에 비해 외환스왑의 내재금리차, 스왑스프레드 및 스왑베이시스가 확대되거나 축소되면 평가손익이 발생하기 때문에 그 크기에 따라 만기까지 거래를 보유하지 않고 기간 중에 반대거래를 통해 수시로 청산하여 손익을 실현시킨다.

그러므로 커버된 금리재정거래는 시장참가자들의 쏠림현상을 유발하고 금리와 환율의 변동성을 확대시키는 요인으로 작용하여 통화정책과 환율정책의 유효성을 제약하게 된다. 따라서 개방화된 금융시장에서는 금리 및 환율과 같은 전통적인 가격변수뿐만 아니라 국내외 금융시장과 외환시장의 균형관계의 변동에도 유의하여 정책을 수행하여야 한다.

[그림 4·2] 국제금융시장 충격의 파급경로(예)

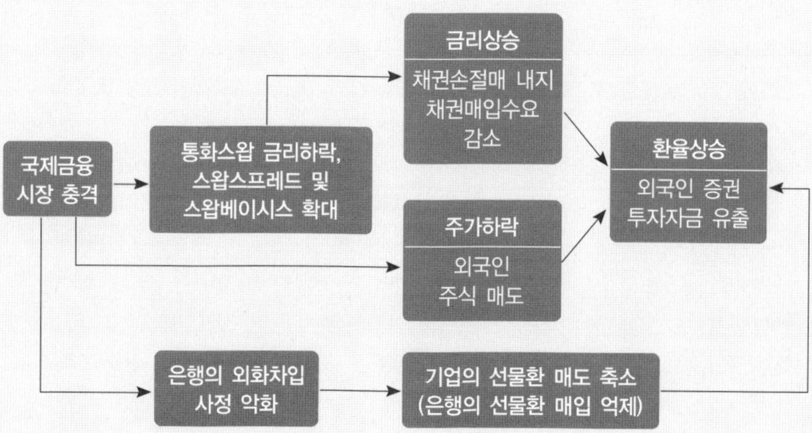

[부록] 주요국 통화명칭 및 국제표기

국 가 별	통화명칭	통화표기	약호
Australia	Australian Dollar	AUD	A$
Brazil	Brazilian Real	BRL	R$
Canada	Canadian Dollar	CAD	C$
Chile	Chilean Peso	CLP	$
China	Chinese Renminbi	CNY	¥
Colombia	Colombian Peso	COP	Col$
Denmark	Danish Krone	DKK	Kr
Dominican Republic	Dominican Peso	DOP	RD$
Egypt	Egyptian Pound	EGP	LE
Ethiopia	Ethiopian Birr	ETB	Br
Hong Kong	Hong Kong Dollar	HKD	HK$
Hungary	Hungarian Forint	HUF	Ft
Iceland	Icelandic Krόna	ISK	kr
India	Indian Rupee	INR	Rs
Indonesia	Indonesian Rupiah	IDR	Rp
Japan	Japanese Yen	JPY	¥
Kazakhstan	Kazakhstani Tenge	KZT	₸
Kenya	Kenyan Shilling	KES	KSh
Korea, South	South Korean Won	KRW	₩
Laos	Lao Kip	LAK	₭N
Lithuania	Lithuanian Litas	LTL	Lt
Malaysia	Malaysian Ringgit	MYR	RM
Mexico	Mexican Peso	MXN	Mex$
Mongolia	Mongolian Tugrik	MNT	₮
Myanmar	Myanma Kyat	MMK	K
Nepal	Nepalese Rupee	NPR	NRs
New Zealand	New Zealand Dollar	NZD	NZ$

국 가 별	통화명칭	통화표기	약호
Nigeria	Nigerian Naira	NGN	₦
Norway	Norwegian Krone	NOK	kr
Pakistan	Pakistani Rupee	PKR	Rs.
Philippines	Philippine Peso	PHP	₱
Russia	Russian Ruble	RUB	руб
Saudi Arabia	Saudi Riyal	SAR	SR
Singapore	Singapore Dollar	SGD	S$
South Africa	South African Rand	ZAR	R
Sri Lanka	Sri Lankan Rupee	LKR	Rs
Sweden	Swedish Krona	SEK	kr
Switzerland	Swiss Franc	CHF	Fr.
Taiwan	New Taiwan Dollar	TWD	NT$
Thailand	Thai Baht	THB	฿
Turkey	Turkish New Lira	TRY	TL
United Kingdom	British Pound	GBP	£
United States of America	United States Dollar	USD	US$
Uruguay	Uruguayan Peso	UYU	$U
Vietnam	Vietnamese Dong	VND	₫
Belgium, Finland, France, Germany, Greece, Italy, Luxembourg, Netherlands, Portugal, Slovakia, Slovenia, Spain, Malta, Ireland, Cyprus, Austria(16개국)	European Euro	EUR	€

자료 : http://fx.sauder.ubc.ca/currency_table.html 및 http;//en.wikipedia.org/wiki/ISO-4217

참고문헌

강호상, 『외환론』, 법문사, 2003.

문창권 · 심상진 · 조성렬, 『외환관리입문』, 탐진, 2007.

성태홍 · 정해근 · 최도성, 『파생금융상품과 금융위험관리』, 경문사, 2005.

송치영, "원/달러 무위험 금리차의 특성에 관한 연구", 『금융경제연구』, 한국은행, 2008.2.

양양현 · 이혜림, "차익거래 유인과 외은지점 및 외국인의 국내 채권투자에 관한 분석", 『조사통계월보』 8월호, 한국은행, 2008.

어윤대 · 임윤수, 『국제금융－외환, 신용, 파생상품시장을 중심으로』, 학현사, 1998.

이강남, 『국제금융론』, 법문사, 2006.

이종덕, 『외환제도론』, 법문사, 2007.

이창복, 『파생금융상품과 기초금융자산』, 율곡출판사, 2008.

최영한, 『스왑』, 한국금융연수원, 2005.

한국거래소, 『파생상품에 대한 이해』, 2009.

한국금융연구원, 『외환시장의 구조변화와 제도개편에 대한 소고』, 2006.

한국은행, 『우리나라의 금융시장』, 2006.

한국은행, 『우리나라의 외환거래제도』, 2007.

Age Bakker, Bryan Chapple, "Advanced Country Experiences with Capital Account Liberalization," *IMF*, 2002.

Alper, C. Emre, Oya Ardic and Salih Fendoglu, "The Economics of Uncovered Interest Parity Condition for Emerging Markets: A survey," *MPRA paper* No. 4079, 2007.

Aliber, R. Z., "The interest rate parity theorem: A reinterpretation," *Journal of Political Economy*, 81, 1973.

Barry Eichengreen and Michael Mussa, "Capital Account Liberalization and the IMF," *Finance & Development*, 1998.

BIS, *Foreign exchange market intervention in emerging markets: motives, techniques and implications*, 2008.

Blenman, L., "The spillover of Money Market Turbulence to FX swap and Cross-currency Swap Markets," *BIS Quarterly Review*, 2008.3.

Bob Steiner, *Foreign exchange and money markets: theory, practice and risk management*, Butterworth-Heinemann, 2002.

David F. Derosa, *Options on Foreign Exchange*, John Wiley & Sons, Inc., 2000.

Deutsche Bank, *The Deutsche Bank Guide to Exchange-Rate Determination*, 2002.

Eswar S. Prasad, Raghuram G. Rajan, "Controlled Capital Account," *IMF Policy Paper*, 2005.

FRB of N.Y., *The Foreign Exchange Market in the United States*, 1998.

Frenkel, J. and Levich R., "Transaction costs and interest arbitrage: Tranquil versus turbulent periods," *Journal of Political Economy* 85, 1977.

Geert Bekaert and Robert J. Hodrick, *International financial management*, Pearson Prentice Hall, 2009.

Ghassem A. Homaifar, *Managing global financial and foreign exchange rate risk*, John Wiley & Sons, Inc., 2004.

Hull John, *Options, Futures and Other Derivatives*, Prentice Hall, 2006.

IMF, *Exchange arrangements and foreign exchange markets: developments and issues*, 2003.

Ian H. Giddy, *Global Financial Markets*, Houghton Mifflin, 1994.

Maurice D. Levi, *International finance*, McGraw-Hill, 2005.

Piet Sercu, *International finance: theory into practice*, Princeton University Press, 2009.

Tim Weithers, *Foreign exchange: a practical guide to the FX markets*, John Wiley & Sons, 2006.

찾아보기

저자 약력

청주고, 청주대학 및 대학원(경제학 석사)
미국 University of Colorado(경제학 석사)
일본 Hitotsubashi University(아시아공공정책과정 수료)

한국은행 입행(1981)
국제국 국제기획팀장, 외화자금국 준법감시인, 외환조사실장 등 역임.
(현) 워싱턴주재원(국장급)

경희대 국제대학원(대외경제법), 한국금융연수원(파생금융상품),
중소기업진흥공단연수원(무역신용 및 환리스크 관리) 등 강의경력 다수

글로벌 시대의 **외환관리**

지은이 변 재 영
발행자 한 헌 주
발행처 도서출판 **경문사**

서울특별시 종로구 평동 19번지
전화 738-7035 FAX. 722-4678
E-mail : kmsp@korea.com
홈페이지 : http://www.kmsp.co.kr

등 록 1995년 11월 9일 제300-1995-138호

2010년 1월 30일 초판인쇄
2010년 2월 5일 초판발행

정가 15,000원
ISBN 978-89-420-0490-4 93320